grafit

© 2018 by GRAFIT Verlag GmbH
Chemnitzer Str. 31, D-44139 Dortmund
Internet: http://www.grafit.de
E-Mail: info@grafit.de
Alle Rechte vorbehalten.
Die Veröffentlichung dieser Anthologie erfolgte mit der
Unterstützung des Syndikats e. V.
Umschlaggestaltung: Nele Schütz Design unter Verwendung von
shutterstock/Oleg Golovnev (Hintergrund), KHIUS (Rabe)
Druck und Bindearbeiten: GGP Media GmbH, Pößneck
ISBN 978-3-89425-581-7
1. 2. 3. / 2020 19 18

Peter Godazgar (Hrsg.)

Die Stadt, das Salz und der Tod

Mörderisches aus Halle an der Saale

Kriminalstorys

Inhalt

Uwe Schimunek: *Halle (üb)erleben* 7

Ralf Kramp: *Kugeln vom Killer* 14

Thomas Hoeps: *Rindertalg oder die große Chance,
ein Märtyrer zu werden* 28

Christiane Dieckerhoff: *Das Geheimnis der
venezianischen Truhe* 40

Elke Pistor: *Schmusekätzchen* 56

Theresa Prammer: *Ja, ich will* 67

Nadine Buranaseda: *Endstation Frohe Zukunft* 78

Jürgen und Marita Alberts: *Love and Fack ju Göhte –
Ein Krimi in zwei Stimmen* 92

Peter Godazgar: *Zu schlau für diese Welt* 101

Thomas Kastura: *Die Höllenhunde von Halle* 112

Daniel Carinsson: *Die Höhle im Löwen* 124

Tatjana Kruse: *Die Doris macht das Gift* 138

Sabine Trinkaus: *Das letzte Scheeks* 153

Frank Schlößer: *Sollbruchstellen* 165

Marc-Oliver Bischoff: *Der Saft des Lebens* 188

Joachim Anlauf: *Summertime Blues* 200

Autorinnen & Autoren 216

Der Herausgeber 223

Uwe Schimunek

Halle (üb)erleben

Innenstadt

Mir bleibt ungefähr eine halbe Stunde. Der Mann steht vorm Roten Turm und lauscht der Stadtführerin. Er sieht aus, als empfange er eine Offenbarung. Seine Verkleidung ist perfekt. Niemand auf der Welt würde den Kasper in seinen Shorts und dem Hawaiihemd für einen Kurier halten. Ich betrachte den Kerl im Spiegel. Die Scheibe der Wurststandtheke ist nicht gerade, der Mann wirkt dünner und länger, als er ist. Doch der Boss hat mir ein Foto gezeigt. Und gesagt, dass der Bote zur Tarnung eine Stadtführung machen würde, um die Daten an der Moritzburg zu übergeben.

»Hast du ein Bonbon?«

Neben mir steht ein Bengel von vielleicht acht Jahren, er trägt ein Bayern-München-Trikot. Den kann ich gerade nicht gebrauchen.

Ich beuge mich zu dem Knilch hinunter und flüstere ihm ins Ohr: »Ich esse niemals Bonbons. Mir schmecken kleine Kinder viel besser. Am liebsten mag ich die Ohren. Darf ich dir eines abschneiden?«

Der Junge guckt mich mit aufgerissenen Augen an. Für einen Moment steht er starr da. Dann schreit er: »Mama! Mama!«, und rennt weg. Zu so einer Tussi mit Jeans, Hornbrille und Lederjäckchen.

Ich schleiche mich lieber davon, ehe die Olle mir noch eine Szene macht. Im Getümmel vor einem Obststand tauche ich unter.

Hunderte Hallenser sind unterwegs und stopfen ihre Körbe voll, als würde morgen wieder die DDR ausgerufen werden.

Die Rentner an den äußeren Stiegen reichen mir nur bis zur Schulter. Nicht gut. Bei den Avocados stehen ein paar langhaarige Studenten. Da kann ich mich besser verstecken.

Ich nehme eine Frucht in die Hand und schaue rüber zum Turm. Die Stadtführerin trägt eine Baskenmütze über den blonden Locken und hält ihren Vortrag mit Hingabe. Sie zeigt auf eine Steinfigur am Gemäuer. Darunter wurden früher Bösewichte hingerichtet, sagt sie. Vielleicht hat der Rote Turm seinen Namen sogar von dem Blut, das dabei vergossen wurde.

Das gefällt mir. Ja, hier kann ich mir ein paar Jährchen vorstellen. Der Boss hat mir das Gebiet bis rüber nach Leipzig versprochen, eine Handvoll Männer zu meiner Verfügung und einen guten Anteil an den Geschäften. Der Bote und seine Handydaten sind meine Bewährung, meine Chance nach all den Jahren. Der Boss wechselte in diesen leisen Tonfall, als er von dem Smartphone sprach. Wenn er so redet, versteht er keinen Spaß. Deswegen laufe ich jetzt auch herum wie ein Prolet am Markttag – mit Jeans, T-Shirt, Basecap und Umhängetasche. Was tut man nicht alles für die Karriere.

Drüben berichtet die Stadtführerin über die Sanierung des Turms durch die stolze Hallenser Bürgerschaft im 19. Jahrhundert. Es klingt, als würde sie über Paris oder Florenz reden und nicht über Halle an der Saale. Hauptsache, sie hält den Mann bei Laune.

Läuft. Der Kerl guckt am Gemäuer hoch, als betrachte er den Eiffelturm. Über der Hüfte baumelt so eine Touristentasche. Als würde es ihm helfen, dass er sein Zeug vor dem Bauch trägt wie ein Känguru. Das Gegenteil ist der Fall. Wenn er einen Designeranzug tragen würde wie auf dem Foto, käme ich nicht so leicht an sein Smartphone heran.

Die Stadtführerin berichtet gerade über das größte Glockenspiel Europas. Und zu jeder Stunde gibt es irgendein Händel-Gebimmel. So wie beim Big Ben in London. Ich habe das vorhin gehört. Klang eher wie Bennilein am Xylophon. Als wären bei der Überfahrt nicht nur der Tower, sondern auch die Glocken geschrumpft. Passiert das immer, wenn man nach Halle kommt?

Das erklärt die Stadtführerin nicht. Sie kündigt einen kurzen Fußweg an und hebt ihren Schirm in die Höhe. Fein, da kann ich der Truppe mit Abstand folgen.

Ich lege die Avocado zur Seite. Der Verkäufer, ein kleiner Mann mit asiatischem Gesicht, kommt näher und grinst. Ich werfe ihm einen Blick zu, der jede Frage verbietet. Erst verschwindet das Lächeln und dann der ganze Mann. Ich trotte los.

Auf dem Weg zum Kleinschmieden wird es eng. Der Schirm kommt kaum voran. Ich gucke auf die Uhr. Noch zwanzig Minuten – dann erwartet der Boss die Übergabe an den Kontaktmann im *Café nt*. Langsam muss ich die Augen nach einer Gelegenheit offen halten.

Eine Straßenbahn rattert uns entgegen. So schnell, dass ich mich frage, ob der Fahrer die Menschen darin befördert oder die draußen jagt. Immerhin klingt sein Gebimmel nicht so heiser wie das aus dem Roten Turm.

Ich trete zur Seite und recke dem Fahrer meinen Mittelfinger entgegen. Dafür ernte ich eine weitere wütende Klingel-Arie und ein Kichern zweier besoffener Muttis. Ist mir beides egal. Ich beobachte lieber den Mann mit dem Kängurubeutelchen.

Er ist an der Ecke Große Nikolaistraße, Große Ulrichstraße stehen geblieben und lauscht wieder der Stadtführerin. Die erzählt gerade stolz vom Einkaufszentrum *Rolltreppe*. Das heißt so, Überraschung, weil es darin eine Rolltreppe gibt.

Schon immer. Genauer gesagt, schon in den finsteren DDR-Zeiten – und damals war das noch eine echte Sensation. Ein Sportladen im Erdgeschoss heißt *Cierpinski*. So wie der berühmte Marathonläufer aus dem Osten. Die Stadtführerin imitiert jene legendäre, schon fast antike Radioreportage und ruft: »Liebe junge Väter oder angehende, haben Sie Mut! Nennen Sie Ihre Neuankömmlinge des heutigen Tages ruhig Waldemar!« Ihre Zuhörer gucken befremdet. Sind halt aus dem Westen und kennen nur: »Aus dem Hintergrund müsste Rahn schießen!«

Jetzt ist die Zeit gekommen. Die Stadtführerin hebt gerade ihren Schirm, als ich das Messer aus dem Gürtel ziehe und auf die Gruppe zugehe.

Ich senke den Blick. Spanne die Muskeln an. Kreuze die Hände vor der Brust. Werde schneller. Nur die Bauchtasche im Blick.

Mit der Schulter remple ich eine Omi an. Sie stolpert mitten in die Gruppe. Die Touristen stoßen gegeneinander wie Dominosteine. Beschimpfen die Oma. Quaken wie Enten. Stützen sich gegenseitig, als herrsche Seegang.

Und ich bin mittendrin. Treibe auf den Mann zu. Komme ihm näher und näher. Er hält sich an einem Alten mit buschigem Schnurrbart fest.

Jetzt. Mit zwei Schnitten trenne ich das Kängurubeutelchen vom Gurt und lasse es samt dem Messer in meine Umhängetasche gleiten. Gelernt ist gelernt.

Ich tauche durch den Pulk und richte mich auf. Freundlich sage ich »Tschuldigung!« und drehe in die Große Ulrichstraße ab. Das Fluchen hinter mir wird leiser. Ich höre, wie die Gruppe weiter auf die Oma einredet. Die Alte zetert zurück.

Ein paar Meter gehe ich noch und zähle dabei die Schritte. Als ich bei dreißig angekommen bin, stelle ich mich in eine Toreinfahrt und schaue mich um. Von der Touristengruppe ist nichts zu sehen. Von der Oma auch nicht. Wahrscheinlich haben die Urlauber die Alte einfach stehen lassen und setzen ihre Runde in der Großen Nikolaistraße fort, Richtung Kleine Uli – wie die Hallenser die Kneipenmeile in der Kleinen Ulrichstraße nennen. Da bleiben dem Blödmann noch ein paar Minuten bis zur Moritzburg, bevor der Stadtrundgang für ihn endet. Und vermutlich nicht nur der. Denn der Bursche hat bestimmt auch einen Boss, der in Geschäftsangelegenheiten keinen Spaß versteht.

Egal, nicht mein Problem. Ich trotte in den Hinterhof. Neben ein paar Mülltonnen bleibe ich stehen und öffne das Kängurubeutelchen. Die Brieftasche enthält eine *Visa Card,* eine *BahnCard 50,* eine Monatskarte für die Berliner Verkehrsbetriebe. Alle sind auf den Namen ›Frank Schmidt‹ ausgestellt, auf keiner befindet sich ein Foto. Der angebliche Herr Schmidt scheint weder Ausweis noch Führerschein dabeizuhaben.

Originell finde ich den Namen nicht – der Kerl könnte mein Bruder sein, denn in meinem Ausweis steht gerade ›Thomas Schmidt‹. Immerhin finde ich im Beutelchen meines Künstlernamensvetters Bares. Die Scheine stecken in einer Banknotenklammer, wie sie Mafiosi in Hollywoodkomödien haben. Ich nehme sie heraus – über dreihundert Euro.

Die Brieftasche schmeiße ich in den nächsten Mülleimer und stöbere weiter. Zwischen einer Schachtel Zigaretten und einem Faltplan von Halle liegt das Smartphone. Ich streiche über das Display. Natürlich gesperrt. Doch wie sagt der Boss immer: ›Ein Code ist nie sicher, höchstens teuer.‹

Das Beutelchen mit Kippen und Feuerzeug fliegt in hohem Bogen in die Tonne. Geld und Handy stecke ich in meine Umhängetasche.

Ein Blick auf die Uhr, mir bleiben zehn Minuten. Perfekt. Ich schlendere durch die Toreinfahrt zurück zur Straße.

»Da ist der Mann!« Der Bengel von eben steht auf dem Gehweg. Seine kleine Rotznase ist gegen das Licht fast nicht zu sehen. Doch das Bayern-Trikot erkenne ich sofort. Wie kommt der hierher?

Seine Mutter taucht hinter ihm auf und stürmt auf mich zu. Sie sieht aus, als käme sie aus einem Exorzistenseminar.

Ich versuche, ihr auszuweichen. Doch sie springt mir in den Weg wie eine Furie und stupst mich mit ihren Patschhändchen zurück zum Hinterhof.

Normalerweise schlage ich keine Frauen. Also, wenn sie keinen Ärger machen. Doch jetzt bleibt mir nichts anderes übrig. Ich balle die Faust.

»Hey! Mann!« Der Typ in den Shorts und dem Hawaiihemd steht in der Toreinfahrt. Der auch noch?

Er kommt auf mich zu. »Was bist du denn für 'n Amateur? Denkste, ich laufe bei so 'ner Prüfung alleine durch die Scheißstadt? Und tapst hier rum wie 'n Elefant? Mann, Mann!«

Ich lasse die Faust sinken und überlege, wie ich abtauchen könnte. Der Hof ist von Mauern umringt. Raus geht's nur durch die Einfahrt.

Der Mann wendet sich an die Furie und sagt: »Liebling, würdest du den Jungen kurz mitnehmen? Ich erledige das hier.« Er klingt freundlich, geht aber weiter auf mich zu.

Am besten warte ich, bis die Tante weg ist, und spurte dann los.

»Darling, lass mich das machen.« Die Frau klingt nicht mehr wie eine Furie, eher als würde sie die Worte zwitschern.

»Na gut«, sagt er und schaut mich nicht mal mehr an, sondern geht einfach mit dem Bengel auf die Straße.

Ich mache mich zum Sprint bereit und gucke zur Frau. Die zieht eine Wumme aus ihrem Rucksack. Mit dem Schalldämpfer sieht das Ding so lang aus wie ein Gewehr. Sie zielt auf meinen Kopf.

»Mal ganz ruhig«, sage ich. »Wir wollen es doch nicht übertreiben.«

Sie sagt nichts.

Ich ziehe Geld und Handy aus der Tasche. »Hier, das könnt ihr gern zurückhaben. Der Rest liegt hinten in der Tonne.«

»Die Ohren wolltest du dem Jungen abschneiden?«, fragt sie. Bevor ich antworten kann, fährt sie fort: »Ich werde dem Boss deine Ohren schicken. Und ihm sagen, dass er bei der nächsten Prüfung einen Rundgang durchs Klärwerk buchen soll. Ich habe keine Lust mehr, alle naselang eine Leiche aus der Innenstadt verschwinden zu lassen.«

Sie sagt's und drückt ab.

Ralf Kramp

Kugeln vom Killer

Halloren Schokoladenfabrik

Als Mackensen zu Doberschütz ins Auto stieg, hatte er Mühe, seine Abscheu zu überwinden. Man musste wirklich nicht sonderlich pingelig veranlagt sein, um sich im Innenraum des völlig verdreckten Ford Focus unwohl zu fühlen. Die Scheiben waren nikotingelb, das Armaturenbrett war verstaubt und voller Sprenkel getrockneter undefinierbarer Flüssigkeiten. Aus jeder Nische quollen Plastikfolie, alte Pappbecher und zerknüllte Brötchentüten hervor, jede Ritze war verstopft mit Krümeln und Schmutz.

Mackensen hatte seinem Chef schon mehrfach angeboten, ihn mit seinem Auto abzuholen, aber Doberschütz hatte nur abfällig gegrunzt und ein »In Ihre scheißkleine Schleuder quetsche ich mich nicht noch mal rein« zwischen den wulstigen Lippen hervorgepresst.

Doberschütz saß da, den Blick verfinstert, den kleinen Schnurrbart angriffslustig gesträubt, den fetten Bauch gegen das Lenkrad gepresst. »So, und wohin soll's nun gehen?«, raunzte er.

»Ins Charlottenviertel«, sagte Mackensen beflissen und guckte auf die Uhr. »Wir dürften gerade noch rechtzeitig da sein.«

»Ging nicht früher«, brummte Doberschütz und scherte aus der Parklücke aus. Hinter ihnen hupte jemand und Mackensens Chef röhrte: »Schnauze, du Arschgesicht!«

Als sie sich auf den Verkehr auf der Kröllwitzer Straße einfädelten, um die Saale zu überqueren, stellte Doberschütz die unvermeidliche Frage: »Und jetzt erklären Sie mir mal, warum das hier alles so verdammt geheim ablaufen soll. Wieso um halb neun abends, außerhalb der Dienstzeit? Was ist das für eine Extratour, Bürschchen?«

Gregor Mackensen hatte sich alles zurechtgelegt. Es war noch nie einfach gewesen, seinen Chef von irgendetwas zu überzeugen. Kriminalhauptkommissar Wilfried Doberschütz ließ gemeinhin keine anderen Meinungen als seine eigene gelten. Scharfsinnige Kollegen waren ihm ein Graus, und übereifrige Beamte bremste er brutal aus. Es war also angeraten, planvoll an die Sache ranzugehen.

»Na los«, blaffte Doberschütz, »spucken Sie's aus. Ihr geheimnisvolles Getue geht mir schon seit ein paar Tagen auf den Sack.«

»Also, es ist so, Chef ...«

Gerade wollte Mackensen loslegen, da unterbrach Doberschütz ihn auch schon wieder: »Gucken Sie mal, ob im Handschuhfach noch irgend so 'n Schokoriegel drin ist.«

Abgesehen davon, dass Mackensen bei dem Gedanken, mit den bloßen Händen das Fach zu öffnen, nackter Ekel packte, lieferte ihm Doberschütz mit seiner unstillbaren Fressgier einen viel besseren Einstieg in die heikle Erklärung. Er griff in den auf seinem Schoß ruhenden Umhängebeutel und förderte eine kleine Schachtel zutage. »*Halloren Kugeln*«, sagte er lächelnd. »Das ist viel besser als irgend so ein Schokoriegel.«

Doberschütz warf ihm einen schnellen, skeptischen Blick zu. »Was soll das? Wollen Sie sich lieb Kind machen, oder was?«

»O nein, Chef, das hat etwas mit unserem Einsatz zu tun.«

»Aufmachen«, knurrte Doberschütz.

Mackensen tat, wie ihm befohlen, und im nächsten Moment grabbelte sein Chef mit den Wurstfingern in der Schachtel herum, förderte ein paar Schokokugeln zutage und stopfte sie sich in seinen gefräßigen Mund.

»Alchfo«, schmatzte Doberschütz. »Ichföre.«

»Ich hatte zwei Wochen Urlaub«, begann Mackensen. »Wie Sie vielleicht wissen, reise ich nicht so gerne.«

Doberschütz brummte, ohne dass erkennbar war, ob es Zustimmung oder Spott signalisieren sollte.

»Also, Flugzeuge und so was kommen für mich nicht infrage. Am liebsten bleibe ich zu Hause. Wenn es unbedingt sein muss, fahre ich ein bisschen um Halle herum. Weitere Strecken lege ich sowieso nur mit der Bahn zurück.«

»Kommen Sie mal auf 'n Punkt!«, knarzte Doberschütz. »Bin doch nicht Ihr Seelenklempner.«

Mackensen räusperte sich und nickte mehrmals, um sich zu sammeln. »Also, am liebsten bleibe ich zu Hause und … ja, also Hobbys habe ich keine. Eigentlich … tja, also eigentlich habe ich nur meinen Beruf.«

Jetzt war Doberschützens Brummen eindeutig spöttisch gemeint.

»Ich arbeite alte Fälle durch. Ungelöste Fälle. Das macht Spaß. Wir müssen da vorne rechts.«

»Wohin fahren wir denn, verdammt noch mal?«

»Werden Sie gleich sehen, Chef. Sie werden staunen!« Mackensen knetete seine Stofftasche. »Und jetzt hatte ich zwei Wochen Zeit und …«

Doberschütz setzte den Blinker, bog rechts ab und nahm einem Radfahrer die Vorfahrt. »Sagen Sie nicht, Sie haben sich in Ihrem Urlaub durch alte Fälle geschnüffelt!«

»Wie gesagt, das macht Spaß.«

Doberschütz grabschte ein paar weitere *Halloren Kugeln* aus der Schachtel. »Nicht zu fassen.«

»Das können Sie vielleicht nicht verstehen. Ich beneide Sie darum, Chef, dass Sie nach Feierabend die Füße hochlegen und …«

»He, he, he, Bürschchen, glauben Sie ja nicht, dass ich abends einfach so abschalten kann!« Doberschütz warf ihm aus weit aufgerissenen Augen einen wässrigen Seitenblick zu. »Man ist schließlich rund um die Uhr Bulle! Glauben Sie denn etwa, ich hätte sonst den Würger von Kloschwitz geschnappt?«

Mackensen biss sich auf die Zunge. Er wusste so gut wie jeder andere, dass seinem Chef damals der glückliche Zufall zu Hilfe gekommen war. Das letzte Opfer des Serientäters Hartmut Zeisig hatte unter Kehlkopfkrebs gelitten und fröhlich durch seine künstliche Halsöffnung weitergeatmet, obwohl der Mörder ihm Nase und Mund mit Bauschaum gefüllt hatte. Der Killer war so verzweifelt gewesen, dass Doberschütz ihn nur noch am Tatort hatte aufsammeln müssen.

»Gleich links, und dann sind wir fast schon da.«

Doberschütz leckte sich schmatzend die Schokolade von den Lippen.

»Lecker, oder?«, fragte Mackensen.

»Mmmmh, kann man essen. Und was hat das mit unserem ›Einsatz‹ zu tun?«

»Kommt gleich, Chef, kommt gleich. Also, ich bin da auf eine Reihe von Morden gestoßen. Ungeklärte Morde. Eigentlich ist es mir völlig schleierhaft, dass die Kollegen da nicht längst eine Verbindung hergestellt haben. Aber Sie kennen das: vier Bundesländer…«

»Momentchen mal, soll das heißen, Sie schnüffeln jetzt schon woanders rum?«

»In Nordrhein-Westfalen, Schleswig-Holstein, Bayern und Niedersachsen.«

»Bei den Wessis? Geht's noch? Können Sie sich nicht wenigstens ein paar von unseren eigenen…«

»Aber bei uns ist doch so gut wie alles aufgeklärt, Chef«, fiel Mackensen ihm ins Wort. »Ist ja auch kein Wunder. Hier gibt's schließlich Kriminalhauptkommissar Doberschütz.«

Ein anderer Polizist hätte jetzt ein paar Worte der Bescheidenheit geäußert. Nicht so der fette Mann hinter dem Steuer. »Auch wieder wahr.«

»Also, diese vier Morde, die ich untersucht habe, scheinen auf den ersten Blick nichts miteinander gemein zu haben. Eine junge Frau wurde 2010 in Aachen mit einem Ziegelstein erschlagen. 2012 wurde in Lübeck ein fast neunzigjähriger Greis in der Trave ertränkt. 2014 wurde eine sechsfache Mutter in Nürnberg mit einer Wäscheleine erdrosselt und 2016 wurde einem Müllmann in Hannover die Kehle aufgeschlitzt.«

Doberschütz bog links ab und schwieg. Auch Mackensen sagte nichts. Er erwartete eine Reaktion seines Vorgesetzten, die auch mit Verzögerung eintraf: »Kommt da noch was?«

»Also, wie gesagt, zunächst scheinen die Taten völlig unzusammenhängend.« Noch bevor Doberschütz etwas Abfälliges erwidern konnte, fuhr Mackensen fort: »Aber alle haben sich am 4. Mai ereignet. Immer hübsch im Abstand von zwei Jahren.«

»Am 4. Mai? Das ist heute.«

»Hmhmmm.« Mackensen gab ein fröhlich summendes Geräusch von sich und faltete die Hände über der schon halb leeren Pralinenschachtel. »Jetzt halb links.«

Doberschütz tat, wie ihm geheißen. Was hatte dieser Grünschnabel da ausgegraben? Bis jetzt hatte er immer gedacht, in der Birne unter dem Lockenkopf herrschte nichts als gähnende Leere. Der Kerl zwinkerte immer so versonnen durch seine Nickelbrille, als könne er kein Wässerchen trüben. Im Büro fiel er nie besonders auf und Doberschütz hatte ihn bis jetzt ausschließlich zu niederen Diensten missbraucht. Löste in seiner Freizeit also Kriminalfälle ... Hm. Wofür hielt sich der Knilch denn? Für Nick Knatterton?

»Da vorne ist es. Das *Hotel Dormero*.« Mackensen reckte den Kopf. »Am besten parken wir dahinten, da haben wir den Haupteingang im Blick.«

»Weiß zwar nicht, was Sie vorhaben, aber ...« Doberschütz manövrierte das Fahrzeug umständlich durch die schmale Martinstraße und wendete. Er holperte dabei mehrmals über den Bürgersteig, wobei er beinahe eine Oma mit Rollator erwischte. Als der Wagen schließlich stand, schaltete er die Zündung aus, fummelte die letzten *Halloren Kugeln* aus der Schachtel und sagte barsch: »So, und jetzt mal zur Sache, Freundchen. Ich hab mir Ihre Spinnereien lange genug angehört. Ich verplempere hier nicht meinen freien Abend, um Ihnen Nachhilfe in Polizeiarbeit zu geben. Karten auf den Tisch!«

Umständlich suchte Mackensen nach einer Möglichkeit, die leere Pralinenschachtel loszuwerden, bis Doberschütz sie ihm aus der Hand riss und auf den Rücksitz zu der Ansammlung anderen Mülls pfefferte. Dann fischte Mackensen einen Stapel Papiere aus dem Stoffbeutel. »Da hätten wir meine Akte.«

»»Ihre Akte««, spottete Doberschütz.

»Ja, ich gebe zu, dass ich heimlich ein paar Sachen aus dem Polizeicomputer ...« Er warf seinem Chef einen hektischen Seitenblick zu. Der aber reagierte nicht. Es war ein offenes Geheimnis, dass Doberschütz selbst jede Gelegenheit nutzte, seine Mitmenschen über das Netzwerk auszuspionieren. Nachbarn, Kollegen oder Menschen, die ihm einfach unsympathisch waren. Er nutzte sein Wissen mit Vorliebe, um sich Vorteile zu verschaffen und von anderen Gefälligkeiten abzupressen.

Mackensen wedelte mit den Papieren. »Hier ist jedenfalls alles drin, was ich über die vier Morde herausfinden konnte.«

Doberschütz grabschte nach der Akte und fuhr mit den wulstigen Schokoladenfingern durch die Seiten. Er machte allerlei schnaufende Geräusche. Beiläufig wühlte er mit der Rechten in den Fächern der Mittelkonsole herum und förderte ein zerknautschtes Päckchen Zigaretten zutage. Während er mit den Lippen einen Glimmstängel herauszog, wanderte sein Blick weiter über Mackensens Schriftstücke. Jetzt tastete er nach einem Feuerzeug. Leere Tablettenröhrchen, Pistazienschalen und Kaugummipapierchen quollen aus dem Fach und verschwanden in der Dunkelheit des Fußraums.

»Ich bin an allen vier Tatorten gewesen, ich habe in allen Fällen Erkundigungen eingeholt. Es gibt nichts, was gleich abgelaufen ist. Nichts außer …« Mackensen sah auf die Uhr und reckte wieder den Hals. »Da!«, rief er plötzlich schrill und Doberschütz fuhr hinter dem Steuer zusammen. Sein schlecht rasiertes Doppelkinn zitterte. »Haben Sie 'n Knall? Mich so zu erschrecken!«

»Da ist er! Starten Sie den Wagen!«

Ein Mann war aus dem Hoteleingang getreten, eine unscheinbare Gestalt mittleren Alters in einem grauen Übergangsmantel. Er schlenderte auf das Taxi zu, das in der Fußgängerzone wartete, und öffnete die Beifahrertür.

»Er hat ein Taxi für neun Uhr bestellt. Das habe ich vorhin im Hotel mitbekommen!«

»Wer?«, donnerte Doberschütz. »Wer denn, verdammt noch mal?«

»Friedhelm Olm«, rief Mackensen atemlos. »Es ist Friedhelm Olm aus Wiesbaden! Und wir müssen diesem Taxi folgen! Das ist unsere einzige Chance! Fahren Sie los!«

Doberschütz stieß einen seiner übelsten Flüche aus, knallte Mackensen Feuerzeug, Zigaretten und die Akte auf den Schoß und startete den Wagen. Als er aus der Parklücke schoss, schrammte er am Kotflügel des vor ihm geparkten Wagens vorbei und zwang den Fahrer eines Lieferwagens zu einer Vollbremsung. »Ich drehe Ihnen den verdammten Hals um, Sie Flachpfeife, wenn das hier eine Nullnummer wird«, keuchte Doberschütz. Schweißperlen traten auf seine Stirn.

»Vertrauen Sie mir, Chef«, presste Mackensen angestrengt zwischen den Lippen hervor. »Friedhelm Olm hat in den letzten acht Jahren vier Menschen umgebracht und wenn alles so läuft, wie ich es geplant habe, werden wir heute seinen fünften Mord verhindern und ihn auf frischer Tat erwischen.«

Das Taxi fuhr gottlob gesittet, es schien nicht auf eine heiße Verfolgungsjagd hinauszulaufen. Sie kurvten durch die Häuserblocks des Charlottenviertels, bogen zum Riebeckplatz ab und verließen den riesigen Kreisverkehr in Richtung Delitzscher Straße. Als sie unter der Eisenbahnbrücke durch waren, ging es nur noch geradeaus.

»Wohin will der?«, fragte Doberschütz, dessen Schweiß man jetzt auch riechen konnte. »Haben Sie eine Ahnung?«

Mackensen strahlte auf dem Beifahrersitz wie ein Honigkuchenpferd. »Oh ja, ich denke, ich weiß es.« Er griff wieder in seinen Stoffbeutel und holte eine weitere Pralinenpackung hervor. Er rappelte gut gelaunt damit.

»Was soll das? Haben Sie 'ne Meise?«

Mit beinahe sachlichem Tonfall begann Mackensen, sein Wissen mit seinem Vorgesetzten zu teilen: »Die in Aachen erschlagene Sabrina Fischenich hatte kurz vor ihrer Ermordung Printen gegessen. Diese harten, klebrigen Gebäckriegel, für die Aachen berühmt ist. Reinhold Gastmann, der in Lübeck ertränkte Rentner, hatte ein halb aufgegessenes Marzipanbrot in der Tasche seiner Windjacke und den Rest im Magen. Die erdrosselte Heidrun Pölser aus Nürnberg hatte kurz vor ihrem Tod Lebkuchen gegessen und der von der Müllabfuhr aus Hannover …? Na? Naaa?« Er sah Doberschütz erwartungsvoll an.

»Verflucht noch mal, was denn?«, blaffte der. »Hannover … Hannover … Was gibt's denn da?«

»*Bahlsen!*«, feixte Mackensen. »Die berühmtesten Kekse Deutschlands! Und jetzt ist der Täter hier in Halle, weil …«

Er wies bedeutungsvoll mit der flachen Hand in Richtung des riesigen, altehrwürdigen Fabrikgebäudes auf der rechten Straßenseite, dessen rötlich sandfarbener Anstrich im schwindenden Tageslicht nicht mehr so recht auszumachen war.

Das Taxi hielt und Doberschütz fuhr in gebührendem Abstand an den Fahrbahnrand. »*Halloren*«, murmelte er mit herunterhängender Unterlippe. »Die Schokoladenfabrik.«

»Ganz recht. Ich finde, es ist ja fast schon so etwas wie eine lokalpatriotische Verpflichtung, ihn hierherzulocken.«

Der Mann stieg aus dem Taxi. Mit in den Manteltaschen vergrabenen Händen stand er auf dem Gehweg und legte den Kopf in den Nacken, um die Fabrikfassade zu bestaunen.

»›Hierherzulocken‹?«, fragte Doberschütz ungläubig. Jetzt zündete er sich endlich die ersehnte Zigarette an. Er dachte gar nicht daran, ein Fenster zu öffnen.

»Nun ja, Chef, es war nun mal an der Zeit. Alle zwei Jahre, 4. Mai ... Da bot sich Halle mit den *Halloren Kugeln* doch regelrecht an. Das richtige Werbeblättchen zum rechten Zeitpunkt im Briefkasten ... Ich habe gewusst, dass er darauf anspringen würde!« Mackensen zupfte die Plastikfolie von der *Halloren*-Packung. »Ich meine, es ist die älteste Schokoladenfabrik Deutschlands! Das darf doch auf seiner Agenda nicht fehlen! Unsere *Halloren Kugeln!* Also ehrlich, Printen, Lebkuchen, meinetwegen, schön und gut, aber was wäre denn sonst noch gekommen? Negerküsse? *Twix? Mon Chéri?*«

Er hatte die Schachtel geöffnet und Doberschütz griff wieder zu. Zwischen zwei Zigarettenzügen vertilgte er schmatzend ein paar Kugeln. Gemeinsam beobachteten sie, wie Friedhelm Olm am Gebäude entlangschlenderte.

»Er sieht sich die Quelle an, den Ort, wo alles herkommt«, erklärte Mackensen.

»Scheint so.« Doberschütz tat einen tiefen Lungenzug,

hustete rasselnd und zwei Zentimeter Zigarettenasche rieselten auf seinen fetten Bauch. »Aber warum das alles?«

»Ich weiß nur, dass Olms Eltern in den Siebzigern beim Brand ihres Süßwarenladens in Wiesbaden ums Leben gekommen sind.« Er tippte auf die Akte. »Steht alles da drin.«

»Scheißserienmörder mit ihren Scheißserienmördermotiven«, knurrte Doberschütz und drückte die Kippe in den Aschenbecher, sodass eine Handvoll anderer rauspurzelte. Dann aß er wieder Schokolade und rülpste.

»Da kennen Sie sich ja aus«, sagte Mackensen hintergründig.

War das Ironie? Wollte der Heini ihn verarschen? »O ja, da kenne ich mich aus«, raunzte Doberschütz. »Glauben Sie denn etwa, ich hätte sonst die Schwarze Witwe von Gröbzig geschnappt?«

Mackensen spitzte die Lippen. Jeder wusste, warum seinem Chef die sechsfache Mörderin ins Netz gegangen war: Als Ute Schmölln ihre jüngste Männerbekanntschaft zerstückelt und danach wie immer paketchenweise zwischen Magdeburg und Halle in den Papierkörben verteilt hatte, war ihr nicht aufgefallen, dass sie auf einer der Zeitungsseiten nicht nur ihre Handschrift im Kreuzworträtsel hinterlassen, sondern bei *Weltmacht mit drei Buchstaben* auch noch *Ute* eingetragen hatte.

»Verdammt, der steigt wieder ins Taxi!«, röhrte Doberschütz und startete den Wagen. »Was macht der Typ? Wird das etwa so was wie 'ne Rallye?«

»Jetzt begibt er sich an den Tatort«, hauchte Mackensen feierlich.

»Der spinnt doch! Und Sie auch!«

Sie folgten dem Taxi, das nun bis zur Kreuzung Fiete-Schulze-Straße fuhr und dort wendete. Doberschütz gab mächtig Gas und legte einen rasanten U-Turn hin, als die Ampel schon dunkelgelb zeigte. Mackensen rutschte tiefer in seinen

Sitz. Wenn sein Chef sich weiter so auffällig benahm, konnte es sein, dass Olm sie bemerkte.

Es ging zurück in Richtung Innenstadt. Unter der Bahn durch, genau der Weg, den Sie gekommen waren. Fast sah es so aus, als wolle das Taxi seinen Insassen zurück zum Hotel bringen, aber dann hielt es auf der Magdeburger Straße an.

Olm stieg aus. Er sprach noch ein paar freundliche Worte zum Fahrer, bevor er die Tür schloss. Als das Taxi davongebraust war, überquerte er die Straße und Mackensen sagte düster: »Der Stadtpark. Es geht los.«

»Wie, ›es geht los‹? Was geht los?« Doberschütz hatte mittlerweile einen hochroten Kopf vor Aufregung. Der Schweiß tropfte ihm aus den struppigen Koteletten. »Geht der jetzt einen abmurksen, oder wie oder was?«

Statt einer Antwort nickte Mackensen nur mit zusammengekniffenen Lippen und schnallte sich ab.

Da packte Doberschütz ihn am Kragen und zog sein Gesicht ganz nah zu sich heran: »Wehe, das ist so eine billige Verarsche, Sie Würstchen.« Sein Mundgeruch kam direkt aus der Hölle. »Einen wie den alten Doberschütz linkt keiner, kapiert? Ich habe einundvierzig Jahre Polizeidienst auf dem Buckel und wenn Sie mir einen Bären aufbinden wollen, dann schaffen Sie nicht mal zehn! Ich hab noch ein paar Jungs, die mir einen Gefallen schuldig sind, die polieren Ihnen die Eier, hören Sie? Doberschütz verarscht keiner! Glauben Sie denn etwa, ich hätte sonst den Schlitzer von Glebitzsch ge…«

»Da, er verschwindet im Park!«, kreischte Mackensen und riss sich los.

Doberschütz verheddterte sich beim Aussteigen im Gurt. Als er aus dem Wagen sprang, klirrte eine leere Wodkaflasche auf den Asphalt. Sie schafften es mit Mühe, zwischen dem Verkehr über die vierspurige Fahrbahn und die Straßenbahngleise zu kommen. Mackensens Stofftasche flatterte an seiner Seite, Doberschütz' Hemd rutschte aus der Hose, und sein aufgeblähter, haariger Bauch quoll hervor. Er keuchte wie eine Dampfwalze, als sie auf der anderen Straßenseite zwischen die Bäume stolperten.

»Wo ist er?«, japste Doberschütz. »Verflucht, suchen Sie den Dreckskerl, bevor er was anstellt, Sie Hanswurst!«

Unter dem dichten Blattwerk des Stadtparks herrschte bereits Dunkelheit. Mackensen spähte in alle Richtungen. »Sollen wir die Kollegen rufen?«, fragte er mit angehaltenem Atem.

»Bei Ihnen ist wohl 'ne Schraube locker! Wenn hier einer diesen Irren mit der Schokoladenmacke einkassiert, dann bin ich das!«

Das hatte Mackensen nicht anders erwartet. Das fette, alte Ungetüm witterte Ruhm und Ehre und beides teilte Doberschütz nur höchst ungern mit anderen.

Etwas knackte rechts im Geäst und sie fuhren zusammen. Ein Tier, vermutlich ein Karnickel. Weiter hinten schlenderte, eng umschlungen, ein junges Liebespärchen über den Gehweg. In der Ferne ertönte ein Martinshorn. Aus einer anderen Ecke der Stadt erklang ein Hupkonzert.

Dann sahen sie ihn. Der hellgraue Mantel war deutlich zu erkennen. Der Mann drückte sich in der Nähe einiger massiver Baumstämme herum. Mackensen und Doberschütz gingen hinter einem Gebüsch in die Hocke. In den Gelenken des Kriminalhauptkommissars knackte es so laut, dass man meinen konnte, Olm müsse es hören.

»Was macht er?«, fragte Doberschütz ächzend. »Können Sie was sehen?«

»Er sieht ein bisschen planlos aus«, wisperte Mackensen. »Ich habe keine Ahnung, wonach er seine Opfer aussucht. Er geht hin und her.«

Doberschütz war inzwischen auf die Knie gesunken und atmete rasselnd. »Verflucht, ich brauch 'ne Kippe.«

»Jetzt setzt er sich in Bewegung. Ob er jemanden gesehen hat? Aber da ist doch keiner ... Wer wird es wohl diesmal werden? Zuerst die junge, schlanke Frau, dann der klapprige Greis ... Er kommt näher.«

»Näher? In unsere Richtung?«

Schweißgeruch stieg zu Mackensen auf.

»Kommt er her?«

»Ja, tut er. Langsam. Er bummelt rum. Aber er kommt näher. Dann traf es diese Mutter, eine ganz durchschnittliche Frau. Der Müllmann war Kroate, glaube ich ...«

Doberschütz sah, wie Mackensen schon wieder in seinen Stoffbeutel griff und eine weitere Schachtel *Halloren Kugeln* zutage förderte. »Was soll das denn, Sie Schwachkopf? Meinen Sie, mir ist jetzt nach Süßigkeiten?«

Was war das? Hatte der Kerl plötzlich Latexhandschuhe an? Wo kamen die her?

»Ja, jetzt steuert er direkt auf uns zu«, sagte Mackensen.

Doberschütz konnte das breite Grinsen des jungen Polizisten trotz der Dunkelheit deutlich erkennen.

»Zu schade, dass ich ihn nicht daran hindern kann, seinen fünften Mord zu begehen. Er kommt näher ... näher ... gleich ist er hier.«

»He, was soll der Scheiß? Was sollen die Handschuhe, Sie Wicht?« Doberschütz stützte sich mit der rechten Hand auf dem Boden ab. »Ticken Sie nicht mehr ganz sauber?« Er versuchte schnaufend, sich aufzurichten, aber als Mackensen ein Küchenmesser aus der Stofftasche zog, strauchelte er und stürzte auf den Rücken.

»Noch vier, fünf Meter vielleicht, dann ist er hier!«

»Sie Scheißkerl, ich habe Ihnen doch gesagt, Sie sollen hier keine Show mit mir abziehen!«, röchelte Doberschütz.

Dann fuhr die Klinge durch seine fette Brust in sein finsteres, vernarbtes Herz.

Bevor eine tiefe Schwärze ihn einhüllte, sah er noch schemenhaft Mackensens strahlendes Gesicht, er sah die lustigen Löckchen, die ihm in die Stirn fielen, und die Augen, die fröhlich hinter den Gläsern der Nickelbrille zwinkerten.

»Glauben Sie denn etwa, ich könnte sonst in wenigen Sekunden den Süßwarenkiller von Wiesbaden schnappen?«

Thomas Hoeps

Rindertalg oder die große Chance, ein Märtyrer zu werden

Franckesche Stiftungen

»Herr Professor! Die Luft ist rein!«

Der Kerl fuchtelte mit der Taschenlampe herum, als wollte er halb Halle anlocken.

»Licht aus!«, fauchte Rindertalg, während er die letzten paar Meter über den Lindenhof lief, um mitsamt dem Jutesack auf seinem Rücken ins Alte Waisenhaus der Franckeschen Stiftungen zu schlüpfen. Eilfertig schloss Bernd oder Björn, oder wie dieser Mann hieß, hinter ihm die schwere Tür.

»Haben Sie die Schlüssel, Bernd?«

Touché, ›Bernd‹ war richtig gewesen. Der Parteimitgliedsanwärter strahlte und nickte.

»Und der Kustos?«

»Schlummert selig in seinem Büro. Gut, dass ich aus meinen wilden Discozeiten noch K.-o.-Tropfen hatte. Hier entlang, Herr Professor.«

Natürlich kannte Rindertalg den Weg selbst. Die Stiftungen waren zwar spätestens seit dieser *linksversifften* ›Die Würde des Menschen ist unantastbar‹-Propagandaaktion unbetretbares Feindesland, aber man konnte den Gegner ja auch im Internet studieren.

Sie stiegen die Treppe empor.

»Ich habe sie alle ausgeschaltet!«, schnaufte Bernd zwischen der ersten und zweiten Etage.

Rindertalg schluckte. »Was haben Sie getan?«

»Die Alarmanlagen. Ich habe sie alle ausgeschaltet! Wissen Sie, jede Etage hat eine eigene. War ganz schön aufwendig.«

Rindertalg atmete auf. »Gut, Bernd, sehr gut. Geringeres hatte ich von Ihnen auch nicht erwartet.«

»Womit Sie aber garantiert nicht gerechnet haben, Herr Professor …«

Er legte eine Kunstpause ein, in der Rindertalgs Sorgenknospen schlagartig einen zweiten Frühling erlebten.

»Damit wir den alten Plunder gar nicht erst rausschmeißen müssen, habe ich ein eigenes Regal für uns gekauft. Bei eBay. Von Ikea.« Bernd schien das Missfallen seines Gegenübers zu spüren. »Ja, ist natürlich nicht ideal. Aber deutsche Regale waren einfach zu teuer. Und die Schweden, die sind doch auch ein nordisches Volk, oder?«

Rindertalg seufzte innerlich. Vor ihm stand das Opfer eines Schulsystems, das anstatt Fleiß und Disziplin – ach, was lohnte es, sich jetzt aufzuregen? Bernd war ein Mann des Volkes und man musste in dieser Übergangszeit eben mit dem Material arbeiten, das einem zur Verfügung stand.

»Es ist großartig, wie Sie sich einsetzen. Aber sehen Sie, Björn, ich meinte Bernd, wenn die Polizei morgen Vormittag die Kammer auf Sprengstoff überprüft und da plötzlich ein modernes Ikea-Regal steht – das würde auffallen, nicht wahr?«

Bernd nickte nachdenklich.

»Dann ließe man die Kanzlerin nicht hineingehen und unser schöner Plan wäre dahin.«

Bernd horchte dem Gesagten eine Weile hinterher.

»Wie gut, dass Sie unserer Partei als Stratege vorstehen, Herr Professor. Die Kanzlerin wird morgen ganz schön Augen machen, was?«

»Das will ich hoffen, Bernd.«

Während sie die letzten Stufen zur Etage der historischen

Kunst- und Naturalienkammer nahmen, stellte sich Rindertalg den Besuch der Kanzlerin vor. Nur gut ein Jahr nach ihrem letzten Auftritt in Halle, als sie sich an der Leopoldina Ratschläge für die Gesundheit der ganzen Welt erteilen ließ, während im armen Deutschland Tausende Arztpraxen auf dem Lande fehlten, wagte sie sich schon wieder her. Angeblich um den fünfundzwanzigsten Jahrestag des Auftakts zur Restaurierung der berühmten Kammer zu feiern. Aber in Wirklichkeit doch nur, weil diese *Mutti der Migranten* die örtliche Jahresausstellung zum Thema Reisen als Bühne für eine Grundsatzrede über ›Weltoffenheit als Grundlage von Frieden und Fortschritt‹ missbrauchen wollte.

Rindertalgs Hals war tiefrot angeschwollen, ein riesiger Kloß schob sich in seiner Kehle hoch und wollte aus ihm herausbrechen wie eine Urgewalt, Bruchstücke einer Rede mit sich reißend, die zum Endkampf gegen diese *Wucherungen am deutschen Volkskörper* und den *tödlichen Atem des Islams* aufrief, der durch die Ventilatoren der Turboglobalisierung in ein unschuldiges, schutzloses Volk hineingeblasen wurde. Und Rindertalg sah sich hinter einem Rednerpult vor einem Heer von tausend Menschen und einem Meer von tausend Fahnen mit weißen Kreisen auf rotem Grund stehen und sprechen, wie er nie zuvor gesprochen hatte: ohne einen Fehler, ohne traurig versickernde Pointen, aber dafür mit einem ungeheuren Charisma. Während drinnen in der Stiftung all die Bücklinge um die Kanzlerin herumscharwenzelten. Ihr auf dieser Treppe historische Lügengeschichten über den Nutzen von Toleranz und Völkerverständigung einflüsterten, die sie dann wiederum als Traditionslinien für ihr *Überfremdungsprojekt* verbreiten würde. Und ...

»Ähm, Herr Professor, Sie könnten jetzt eintreten.«

Bernd musste schon längere Zeit an der geöffneten Tür gestanden haben, ehe er es gewagt hatte, ihn aus seinen Gedanken zu reißen. Ein leiser Zweifel stand in den Augen seines Adlatus.

Wie konnte der Kerl gleich den Glauben verlieren, bloß weil Rindertalg mal ein wenig nachdachte! Überhaupt, dass der sich so aufspielen musste, als wäre er Hausherr und nicht nur Aushilfsaufsicht! Den müssten sie noch zappeln lassen mit seinem Aufnahmeantrag, bis er begriff, wo oben und wo unten ist.

»Folgen Sie mir!« Rindertalg schritt energisch voran, um kurz darauf unvermittelt wieder abzustoppen.

Was für ein Anblick!

Das Licht des fast vollen Mondes ließ im Raum ein magisches Halbdunkel entstehen, das die Kammer in ihre Gründungszeit zurückzuversetzen schien. Als würde in jedem Moment Franckes Sohn mit einer Gruppe weither angereister Forscher durch die Tür treten, um ihnen Kunde von fernen Ländern und Kontinenten zu geben.

Rindertalg brauchte eine Weile, um die selbst in ihm aufsteigende Ehrfurcht wieder niederzupressen. Dann endlich ließ er den Jutesack von der Schulter gleiten und durchmaß mit prüfendem Blick den Saal.

»Sie haben recht, Bernd«, sagte er. »Der Schrank mit den Vasen wäre sicher am schnellsten umzugestalten. Aber wir wollen doch ein besonderes Zeichen setzen. Darum«, er wies auf den Schrank mit den indischen Realien, »nehmen wir jenen.«

Die Unlust war Bernd vom Gesicht abzulesen. »Ich weiß gar nicht, ob ich genug Polsterfolie für den ganzen Kram habe.«

»Sie machen das schon. Sehen Sie, mit dem Schrank hier fing der Multikultiklamauk an! Hätte Francke vor dreihundert Jahren nicht diesen Ziegenbalg als Missionar nach Indien geschickt, wer weiß, ob es die heutigen Flüchtlingsströme überhaupt gäbe. Ja, da staunen Sie! Ein Schmetterlingsflügelschlag in der Geschichte und ein Imperium geht zugrunde. Auch wenn Francke nur die Heiden christianisieren wollte, so bleibt Schuld doch Schuld. Er hat die Büchse der Pandora geöffnet, die heute Millionen von Wirtschaftsflüchtlingen über uns auskübelt.«

Bernd sah ihn ungläubig an. »Pandora? Diese Schmuckmarke ist schon so alt?«

Rindertalg hielt irritiert inne. »Ach, Unsinn. Unterbrechen Sie mich bitte nicht. Was ich sagen will: Wenn man die Tür zu einer fremden Welt öffnet, um das Licht der Zivilisation hineinzutragen, darf man sich nicht wundern, dass die Horden auf der anderen Seite nicht brav sitzen bleiben, sondern herausstürzen, um sich *auf den Errungenschaften der Völker Europas auszuruhen*. Schon Heidegger, oder war es Spengler …?«

Bernd hob hilflos die Schultern.

Rindertalgs chronisches Problem: Er neigte dazu, die Leute mit seiner Intelligenz zu überfordern. Also schob er zur Entspannung schnell etwas Lustiges hinterher. »Kennen Sie den?« Rindertalg wies auf einen alten Druck, der einen dunkelhäutigen Mann in einem weißen Gewand zeigte.

»Den Neger? Nein.«

»Das ist Herr Aaron. Der allererste indische Missionar. Abgesehen davon, dass es immer ein Fehler ist, Fremde so auszubilden, dass sie sich *falsche Hoffnungen machen, bei uns Wurzeln schlagen zu können*, war dieser Aaron eine Erfolgsgeschichte. Bekam trotz seiner frechen Proteste nur ein Fünftel des Lohns seiner weißen Mitbrüder, brachte aber der Stiftung über solche Werbeflugblätter mehr Spenden ein als alle anderen Missionare zusammen. Ein früher Antänzer, nur sinnvoll genutzt.«

Bernd hatte den großartigen Witz an der Sache offenbar nicht verstanden und so verlor sich Rindertalgs ruckartiges und hölzernes Lachen einsam im Saal.

»Schlimm, dass das ganze Übel seinen Ursprung ausgerechnet in unserem schönen Halle hat.« Bernd seufzte und schloss den Schrank auf.

»Gewöhnen Sie sich mal diese Selbstgeißelungswut des *deutschen Schuldkults* ab! Schuld hat ganz Europa. Man hätte es damals so machen müssen, wie es die Gutmenschen heute für die letzten Naturvölker fordern. Bloß keine Kontaktaufnahme. Kontakt mit der feindlichen Außenwelt zerstört die eigene Kultur und schwächt die Volksgesundheit durch Viren und unbekannte Krankheiten.«

Keine Reaktion. Anscheinend hatte Bernd auf Durchzug geschaltet. Lautlos ein Liedchen vor sich hin pfeifend, hob er die indischen Artefakte aus dem Schrank, wickelte sie ein und stopfte sie in einen großen Sack.

»Björn? ... Bernd!«

»Entschuldigen Sie, Herr Professor. Ich war abgelenkt.«

»Das habe ich bemerkt. Ihnen sind gerade einige wichtige Einsichten entgangen. Schade, sehr schade.«

»Vielleicht könnten Sie nachher noch einmal ...?«

»Mal sehen, weitermachen.«

Rindertalg blieb hinter seinem Adlatus stehen, die Hände auf dem Rücken verschränkt. Die Gummisohlen seiner Schuhe quietschten, während er auf und ab wippte. Bernd schien seine Handgriffe unbewusst dem Rhythmus des Quietschens anzupassen. Interessant. Der Professor wechselte die Geschwindigkeit und Bernd folgte. Das müsste er unbedingt mal bei einer seiner Reden probieren, wenn die Leute applaudierten.

Endlich waren die Regalbretter abgeräumt. Bernd bedeutete Rindertalg, ihm zu einem anderen Schrank zu folgen. Er kniete sich vor den unteren Schrankteil und schob den Schlüssel ins Schloss.

»Kommen Sie mal näher, Herr Professor!« Als Rindertalgs Nase in seinem Blickfeld erschien, zog Bernd die Türen mit einem Ruck auf. »Ta-daaa! Die Dorothea!«

Im Schrank lag ein zusammengefaltetes Skelett.

Bernd musterte den Professor erwartungsvoll.

Rindertalg seufzte. »Ja, sehr amüsant. Die Witwenmörderin. Das weiß doch jeder, dass die hier seit zweihundertfünfzig Jahren aufbewahrt wird.«

Plötzlich ertönte ein helles Klackern. Sie zuckten zusammen.

»O mein Gott!«, flüsterte Bernd.

Dorotheas Hand hatte sich vom Brustkorb gelöst und war so auf den Parkettboden gefallen, als reichte sie ihnen die Hand zum Totentanz.

»Beruhigen Sie sich!«, befahl Rindertalg, der selbst ein wenig blass geworden war. »Das sind nur die Gesetze der Schwerkraft!«

»Ich bin ja nicht ganz blöd, Herr Professor«, begehrte Bernd erstmals auf. »Aber das ist ein schlechtes Omen!«

»Ich bin der Letzte, der einen gesunden Volksglauben nicht zu schätzen wüsste.« Rindertalg durfte sich jetzt keinen Streit mit diesem Narren erlauben. »Aber alles läuft doch großartig. Wir liegen perfekt in der Zeit.«

Bernd erhob sich ächzend.

»Ich bringe das Zeug mal eben nach draußen.«

»Sehr gut. Und ich erledige den Aufbau.«

Mit einem ängstlichen Seitenblick auf Dorotheas fordernde Hand hob Bernd den Sack auf die Schulter und verschwand.

Dumm, aber treu, dachte Rindertalg.

Er zog ein Papier aus der Innentasche seines Jankers und nagelte es an den Giebel des Schranks, auf den ein Inder gemalt war, der Buchstaben in Palmblätter ritzte. Der Professor trat einen Schritt zurück und zog die Stirn kraus. Furchtbar! Es sah aus, als würde sein Text gerade von diesem Wilden geschrieben!

Mit einem Mal wirkte das Lächeln des Inders, das so oft als ruhig und würdevoll beschrieben wurde, wahnsinnig ironisch und besserwisserisch. Alles in Rindertalg rief nach Salzsäure: Dieser Maler damals, der Gründler, der hatte ja mit den Volksverrätern dieser Stiftung unter einer Decke gesteckt. Einen Dunklen so selbstbewusst, edel und gebildet darzustellen, das war doch ein Vorläufer des heutigen *Regenbogen-Willkommens Trallalas!* Egal, wohin man sah, egal, in welcher Epoche, immer und überall stieß man auf diese Apostel der Vielfalt.

Rindertalg atmete tief durch, er sehnte sich nach der Zeit, die auf ihren Sieg folgen würde. Dann würde man endlich seine wahre Größe erkennen, er würde unverzichtbar sein und unkritisierbar, wollte man sich nicht in Gefahr bringen.

Er griff in den Sack und zog einen langen, dünnen Rattanstab hervor. Liebevoll strich er an ihm entlang und ließ ihn durch die Luft zischen, während er die erste These auf seinem Blatt deklamierte: »›Was Generationen von Lehrern als Instrument zur erfolgreichen *Vermittlung harter Kompetenzen und Kulturtechniken* nutzten, kann heute nicht falsch sein. *Gerade bei Kindern aus bildungsfernen Schichten* braucht es Druck, bis sie begreifen, dass sie sich ihre Bildungschancen selbst erarbeiten müssen.‹«

Hinter dem Rohrstock stellte er eine dünne Broschüre mit seinem ersten eigenen Theaterstück auf. ›Auf in die Schlacht, tapfere Wandergesellen!‹, eine optimistische Tragödie, die er als Synthese aus Künnekes ›Der Vetter aus Dingsda‹ und Kleists ›Hermannsschlacht‹ geschaffen hatte. Ein würdiges Belegstück für seine zweite These: ›Das deutsche Theater muss wieder deutsche Stücke spielen, die zur Identifikation mit unserem Land anregen!‹

Ein Originaltitelblatt der Zeitschrift ›Die kluge Hausfrau‹ aus dem Jahr 1960 symbolisierte These Nummer drei: ›Gegen *eine Welt aus Männern, die keine Männer, und Frauen, die keine Frauen sind,* gegen *Programme, die Frauen in Männerberufe und Männer in Frauenberufe drängen,* für Gesetze gegen Scheidungen und Trennungen!‹

Rindertalg musste Tränen über sein eigenes Unglück herunterschlucken, ehe er ein Geschenk auf den oberen Regalboden wuchten konnte, das er im letzten Dezember nach einer Rede in Dresden erhalten hatte: ein Krippenhäuschen, dessen Zaun ganz akkurat aus Schnapsfläschchen vom Kleinen Flutscher bis zum Wilden Willi gefertigt war. Beleg für These vier: ›*Weniges gilt als deutscher als die deutsche Weihnacht.* An Weihnachten findet der Deutsche zur Besinnlichkeit und stößt so auf das Wesentliche.‹

Rindertalg begutachtete stolz das Ergebnis seines Einsatzes: das erste wahrhaft deutsche Regal in dieser angeblichen Lehranstalt. Konnte es ein stärkeres Zeichen des nationalen Widerstands geben?

Bernd kehrte zurück und stellte sich neben ihn.

Lange wartete der Professor vergeblich auf eine Reaktion, bis er verärgert die peinliche Stille brach. »Haben Sie den Sack auch wirklich in unsere Extratonne gesteckt? Ich brauche das Zeug noch.«

»Selbstverständlich, Herr Professor. Liegt da sicher wie eine Harzer Bregenwurst im Braunkohlbett. Sind Sie schon fertig?«

»Wieso?«

»Ich hatte mir das Deutsche irgendwie ... opulenter vorgestellt. Wenn Sie wünschen, hole ich noch schnell einen Feldspaten aus Eisleben vom Februar 1933. Ein Erbstück, noch mit Originalblutflecken.«

»Klingt gut, aber wir wollen doch nicht gleich alle Karten auf den Tisch legen, nicht wahr? Außerdem ist im Sack ...«

Ein Geräusch im Treppenhaus ließ ihn verstummen.

Bernd lief zur Tür, verschwand für kurze Zeit und kehrte aufgeregt zurück. »Polizei! Im Erdgeschoss. Mit dem Kustos.«

»Ich dachte, Sie hätten Erfahrungen mit diesen K.-o.-Tropfen?«, blaffte Rindertalg ihn an.

»Vielleicht waren sie einfach zu alt. Was tun wir jetzt nur? Wenn die mich erwischen! Ich bin doch noch auf Bewährung.«

Rindertalg überlegte. »Auf den Altan! Sie laufen nach oben und verstecken sich dort. Ich werde sie aufhalten. Immerhin bin ich Mandatsträger.«

Bernd sah ihn wieder zweifelnd an.

»Mir wird schon was einfallen. Keine Sorge.« Rindertalg klopfte ihm erst aufmunternd auf die Schulter, um seine Hand dann fest dort liegen zu lassen. »Nur für alle Fälle, Bernd: Sollte es wider Erwarten doch schiefgehen, vergessen Sie nicht, dass Sie mir gestern einen heiligen Eid geleistet haben. Die dürfen Sie nicht kriegen. Niemals! Die würden Sie so weichklopfen, dass Sie am Ende Ihre eigene Mutter verraten würden. Jetzt geht es nicht mehr nur um Sie und am allerwenigsten um mich. Es geht auch nicht allein um die Partei, es geht um Deutschland! Verstehen Sie das? Um Deutschland!«

Bernd nickte unsicher.

»Nun rennen Sie schon!«

Sobald Bernd die Treppe hochgesprintet war, holte Rindertalg einen großen schwarzen Müllbeutel aus dem Jutesack, zog das Skelett der Dorothea Breitingen aus dem Unterschrank und schob es halb in den Beutel. Dann räumte er mit großer Armbewegung die Artefakte im Regal darüber in seinen Jutesack und stellte ihn neben das Skelett. Jetzt sah es aus, als hätte jemand während des Einpackens die Flucht antreten und seine Beute zurücklassen müssen. Nachdem er auch noch das Brett aus dem Unterschrank herausgezogen und es hinter der Schrankbekrönung versteckt hatte, war gerade genug Platz, um sich hineinzuzwängen und die Türen hinter sich zu schließen.

Nur kurze Zeit später hörte Rindertalg Schritte auf dem Parkett. Durch einen schmalen Spalt konnte er sehen, wie der Kustos und zwei Polizisten den Saal betraten.

»Abgehauen. Die haben uns gehört.« Einer der Polizisten wies auf das Skelett und den Sack.

»Vielleicht haben sie ja schon vorher Lunte gerochen und sind rechtzeitig weg.«

»Oder sie sind nach oben gelaufen.«

»Keine gute Idee. Von da kommen sie nicht weiter«, sagte der Kustos.

»Schauen wir trotzdem nach.«

Sie verließen den Saal. Rindertalg öffnete vorsichtig die Türen, wand sich aus dem Schrank, schlich ins Treppenhaus und stieg die Stufen hinab.

Vom Franckeplatz her kreiselte das Blaulicht heraneilender Streifenwagen durchs Foyer.

Rindertalg verdrückte sich durch die Hintertür.

Während er noch die Lage auf dem Lindenplatz checkte, durchbrach von oben ein panisches Brüllen die nächtliche Stille des idyllischen Ortes. Bernd schrie, man solle ihm nicht zu nahe kommen, sonst springe er.

Leicht geduckt, lief Rindertalg los, immer im Schatten des langen Fachwerkbaus bleibend, bis er das Ende des Gebäudes erreichte. Dort klopfte er sich den Staub von der Kleidung, tupfte sich den Schweiß von der Stirn und richtete sich das Haar. Ein kurzer vernichtender Blick noch zum Francke-Denkmal, dann schlenderte er durch die Unterführung in Richtung Leipziger Turm davon.

Vielleicht war es ja nur eine Einbildung, die sich seiner großen Empathie mit dem Volk verdankte, jedenfalls meinte Rindertalg kurz nach einem letzten gellenden Aufschrei seines treuen Kameraden, obwohl er dafür eigentlich schon viel zu weit entfernt war, auch den dumpfen Aufprall eines menschlichen Körpers zu vernehmen.

Ach, es waren immer die Besten, die zu früh gehen mussten. Vielleicht würde er ein Theaterstück über, ähm, genau, Björn schreiben. Ja, es sollte unbedingt das Lied dieses tapferen, aufopferungsvollen Sohnes deutscher Kultur gesungen werden. *Und wer könnte dies besser tun als er*, Prof. Rindertalg, der Mann, der überhaupt erst diesem Björn die Chance gegeben hatte, ein Märtyrer zu werden.

(Anmerkung des Autors: Bei den kursiv gesetzten Textteilen handelt es sich um Originalzitate von Landtagsabgeordneten der AfD.)

Christiane Dieckerhoff

Das Geheimnis der venezianischen Truhe

Händelhaus

Der Brief seines Schwagers begann mit den üblichen fein gesetzten Worten, die Händel überflog. Sobald ihm der Diener seines Gastgebers, des englischen Konsuls zu Venedig und Bankiers mit dem schlichten Namen Joseph Smith, den versiegelten Umschlag überreicht hatte, war dieses Gefühl von Unruhe in Händel gewachsen und hatte ihn schließlich aus seinem Gemach im Palast des Konsuls auf den Balkon getrieben. Hier tauchte er ein in den Trubel, der von den Kanälen aufstieg: singende Händler, die ihre Boote durch die engen Wasserstraßen lenkten und ihre Waren anpriesen, und kichernde Dienstmädchen, die miteinander scherzten, einfach weil die Sonne schien. Erst hier hatte Händel den Mut gefunden, das Siegel, das er so gut kannte, zu brechen und die Worte seines Schwagers zu lesen.

Der Brief entglitt seinen Fingern. Er barg das Gesicht in den Händen. Auf einmal klang das Lachen der Dienstmädchen dissonant: ein zweigestrichenes Fis in einem C-Dur-Akkord.

In dieser Haltung fand ihn sein Freund und Reisebegleiter, der Sänger Steffani, der ebenfalls auf den Balkon getreten war, um sich die italienische Sonne auf die arthritischen Glieder scheinen zu lassen und sich am Treiben auf den Wasserstraßen der Lagune zu ergötzen.

Mit leisem Ächzen bückte Steffani sich und hob den Brief auf, bevor der Wind ihn fortwehen konnte.

»Der Schlagfluss hat sie getroffen.« Händel straffte die Schultern. Er war ein imposanter Mann und trug seine Allongeperücke mit mehr Anmut, als sein kräftiger Körperbau auf den ersten Blick vermuten ließ.

Steffani ahnte, von wem die Rede war. Einer der Hauptgründe für ihre Italienreise war Händels Bedürfnis, seine Mutter noch einmal zu sehen. Der andere Grund war die desolate finanzielle Situation des Freundes. Die wankelmütigen Londoner hatten sich von ihm abgewandt und nun galt es, sie mit besonders herausragenden Sängern wiederzugewinnen. Den Winter hatten sie in Florenz verbracht, waren dann nach Siena weitergezogen und ihre Gesellschaft war um einige der besten italienischen Stimmen angewachsen.

Nun waren sie in Venedig angekommen, um mit Farinelli, dem berühmten Kastraten, zu verhandeln. Doch der hatte ihnen einen Korb gegeben. Der Londoner Nebel schade seiner Stimme. Eine Ausrede, wie Steffani fand. Alles zerfiel – und nun auch noch dieser Brief. Kalt strich der Hauch des Todes über seinen Nacken. Er kannte Händels Mutter nur aus den Erzählungen des Freundes. Deshalb wusste er, dass sie kaum älter war als er selbst.

»Hat es dem Allmächtigen gefallen, sie zu sich zu nehmen?«, fragte der Sänger vorsichtig.

Erst griffen die Gebrechen nach einem und dann der Tod. Steffani trat zu seinem jungen Freund und nahm dessen Hand.

»Noch nicht, schreibt mein Schwager.« Händel starrte auf seine Hände. Sie waren breit, mit kräftigen Fingern.

Als ihr Gastgeber, Herr Smith, von der misslichen Lage des Komponisten erfuhr, bot er ihm an, in einer seiner Kutschen mitzureisen, die Post nach Hannover bringen würde.

»Das macht keine Umstände.« Er wedelte mit seinem Fächer. »Mein irischer Diener wird Euch in Halle absetzen.«

Gerne nahm Händel das Angebot an. Und so geschah es, dass der Komponist bereits drei Tage später die Kutsche bestieg. Er nahm nur sein Reiseklavichord, eine lederne Handmappe und die venezianische Truhe mit den Partituren mit, von der er sich nie trennte. Letztere schob er unter die Sitzbank, wo schon eine andere Truhe derselben Machart stand, und legte die Handmappe, ein Geschenk Prinzessin Annes, mit der Partitur, an der er gerade arbeitete, samt des Klavichords auf die freie Bank. Als alles zu seiner Zufriedenheit verstaut war, lehnte er sich in den gepolsterten Sitz aus rotem Samt zurück. Wie viel bequemer war es doch, in des Konsuls Kutsche zu reisen, als sich zwischen Fremden auf die hölzerne Bank einer Postkutsche zu zwängen.

Nach einigen Tagen erreichten sie die Alpen. Rechts und links ragten schroffe Felsen auf und die Kutsche ratterte über einen holprigen Weg, immer an der Eisack entlang. Frierend verschränkte Händel die Arme vor der Brust. Nach der Hitze der Ebene war es hier in den Bergen empfindlich kalt. Er war froh über die Decke, die ihm der Diener über die Beine gelegt hatte.

Die Nacht, die in diesen Höhen so schnell hereinbricht, überraschte sie kurz vor der Poststation am Brenner, wo sie Rast machen wollten. Händel hatte schon längst die Notenblätter aus der Hand gelegt, die er mangels eigener Ideen studierte. Es war Salvis Partitur der *Adelaide,* vertont von Orlandini. Farinelli hatte im *Teatro San Cassiano* in dem Stück brilliert.

Der Kutscher hielt an und der irische Diener des Konsuls, der Händel begleitete, stieg mit einer Fackel vom Bock und ging den Pferden voran, die sich nun wieder in Bewegung setzten. Händel streckte die müden Glieder. Die Perücke hatte er abgesetzt. Sie lag neben dem Klavichord, ein heller Fleck in der Dunkelheit. Die hineingeknüpfte Flohfalle prallte immer wieder gegen das dünne Holz des Instrumentes. Klack.

Klack. Ein Kontrapunkt zum Rauschen des Wassers, dem Sirren der Peitsche und dem Knarren der Räder.

Erschöpft schloss Händel die Augen. In den ersten Tagen der Reise hatte er noch versucht, seine Oper *Der beglückte Florindo* zu überarbeiten, doch die stete Sorge um seine Mutter verwandelte jedes Dur in ein Moll. Und auch das fröhliche Plätschern der Eisack änderte nichts daran, dass seine klammen Finger dem Klavichord nur dunkle Töne entlocken konnten.

Also hatte er es aufgegeben, selbst komponieren zu wollen, die angefangene Partitur in die Truhe zu den anderen gepackt und sich in Orlandinis Noten vertieft.

»Wer da?«, rief die Stimme des Dieners, der der Kutsche vorausging. Händel schreckte aus seinen Gedanken auf. Ein ohrenbetäubender Schuss hallte durch die enge Schlucht. Die Pferde scheuten, der plötzliche Ruck schleuderte den Komponisten gegen das Polster der Sitzbank. Die Kutsche schlingerte, auf einmal waren die steil aufragenden Berge zum Greifen nah. Händel klammerte sich an die Bank. Rufe hallten durch die Nacht. Wieder ging ein Ruck durch die Kutsche. Diesmal wurde er nach vorne geschleudert. Er konnte gerade noch verhindern, mit dem Kopf auf das Klavichord aufzuschlagen, dann wurde die Tür aufgerissen und der Komponist starrte in den Lauf einer Pistole.

»Die Truhe«, sagte der Knochen zum Schwingen bringende Bass eines Mannes. »Wo ist sie?«

Der Wegelagerer klang nicht einmal aufgeregt, sondern so, als hätte er alles Recht der Welt, diese Forderung zu stellen.

»Wovon sprecht Ihr?«, fragte Händel perplex. Dieser Strolch verhielt sich nicht wie ein normaler Straßendieb.

»Antwortet, wenn Euch Euer Leben lieb ist.«

»Unter der Bank.«

Der Fremde beugte sich vor und Händel wich in die äußerste

Ecke der Kutsche zurück. Die Pistole war ihm jetzt so nah, dass der Lauf seine Brust berührte. Der Komponist wagte nicht zu atmen. Ein Rucken ging durch die Kutsche und der Druck der Waffe ließ nach.

»Ich hab sie!« Die Stimme des Wegelagerers donnerte wie ein Paukensolo durch die enge Schlucht.

Händel wagte nicht, sich zu bewegen. Sollte er wirklich noch einmal mit dem Leben davongekommen sein? Es schien so, denn der Fremde schlug die Tür zu, Hufe donnerten, dann war es so still, dass der Komponist das Schlagen seines Herzens hören konnte.

»Seid Ihr verletzt, Herr?« Der Schlag wurde aufgerissen und der Kutscher leuchtete Händel mit einer Laterne an.

»Nein.« Der Komponist griff nach seiner Allongeperücke. Es war ein reiner Reflex, dessen Absurdität ihm im Moment des Aufsetzens bewusst wurde. Trotzdem fühlte er sich stärker, als die enge Kappe sich an seinen Kopf schmiegte.

»Wo ist der Ire?« Händel stieg aus der Kutsche. Ein kalter Wind griff nach ihm.

»Ich weiß nicht.«

Der Kutscher hob die Laterne und in ihrem Schein sahen sie den Körper des Dieners nur wenige Schritte entfernt auf dem Boden liegen.

»Heiliger Christophorus, hilf.« Der Kutscher bekreuzigte sich.

Sie liefen zu dem Iren und drehte ihn herum. Blut tropfte vom Ärmel seines Rockes, doch er atmete.

Händel richtete ihn auf und flößte ihm einen ordentlichen Schluck Branntwein aus seiner Taschenflasche ein. Hustend schlug der Diener die Augen auf. Erst irrte sein Blick über den nächtlichen Himmel, dann erkannte er seinen Retter.

Nachdem sie den Iren verbunden hatten, machte sich der Kutscher auf den Weg zur Poststation. Händel und der Diener verbarrikadierten sich in der Kutsche und hielten Pistolen in den Händen. Der Komponist konnte sich des Gedankens nicht erwehren, dass es ein bisschen spät war, sich zu bewaffnen. Er dachte darüber nach, wie dieser Überfall sich auf seine eigenen Pläne auswirkte.

»An der nächsten Poststation sende ich dich mit einer Depesche an deinen Herrn zurück«, sagte er zu dem Iren. Er hatte die ganze Angelegenheit wohl durchdacht. Der Konsul musste auf dem schnellsten Wege erfahren, dass seine Truhe Straßenräubern in die Hände gefallen war. »Ich selbst werde mit der Postkutsche weiterreisen.«

»Wie Ihr beliebt, Herr.« Im schwachen Licht der Mondsichel, die zwischen den Berggipfeln hing, war das Gesicht des Dieners nur eine graue Fläche mit dunklen Punkten anstelle der Augen. Und genauso grau klang seine Stimme. Obwohl er mit einer Fleischwunde davongekommen war, musste er schreckliche Schmerzen haben.

»Was befand sich eigentlich in der Truhe?«

»Ich sollte sie in Hannover dem Freiherrn von Münchhausen übergeben«, antwortete der Ire. »Mehr weiß ich nicht.«

Je länger Händel über die Geschehnisse nachdachte, umso sicherer war er sich, dass dieser Überfall nicht das Werk ordinärer Wegelagerer war. Sie hatten nichts anderes gestohlen als die Truhe des Konsuls: nicht seine Mappe, nicht seinen Geldbeutel, nicht seine Noten. Hinter diesem Vorgehen steckte mehr. Ob er wollte oder nicht: Er war in eine Intrige König Georgs geraten. Kein Gedanke, der ihm gefiel. Wenn die Herrschenden sich stritten, konnte man leicht den Kopf verlieren.

Der Morgen graute bereits, als das Getrappel von Pferdehufen Händel aus dem unruhigen Schlummer aufschrecken ließ, der ihn schließlich übermannt hatte. Sofort suchten der Komponist und der Diener Schutz hinter der Kutsche und richteten die Pistolen auf den Weg, bereit, ihr Leben so teuer wie möglich zu verkaufen. Doch es war nur der Kutscher, der mit ihren Pferden zurückkehrte, die zu den Ställen der Poststation gelaufen waren, als hätten sie gewusst, dass sie dort in Sicherheit waren.

Wie besprochen, schrieb Händel einen Brief an den englischen Konsul und schickte die Kutsche zurück. Er selbst würde mit der regulären Postkutsche am nächsten Morgen weiterreisen.

Die ausgestandene Todesangst verband sich mit Händels Sorge um die Mutter und als er nach dem Klavichord griff, entströmte seinen Fingern nicht Trauer, nicht Wut, sondern etwas Neues, Gewaltiges, das seinen Ursprung in diesem Gefühl hatte. Händel sah die Noten vor sich, er musste sie nur noch niederschreiben. Hastig bückte er sich, zog die Truhe unter der Bank hervor, griff nach dem Schlüssel, den er immer in der Westentasche trug, steckte ihn ins Schloss und drehte ihn. Besser gesagt: hätte ihn gedreht. Der Schlüssel steckte fest, da half kein Ruckeln. Eine dunkle Ahnung stieg in Händel auf und er untersuchte die Truhe genauer. Tatsächlich, die Wegelagerer waren mit seinen handgeschriebenen Partituren auf und davon! Er malte sich aus, wie sie die Kiste aufbrachen und anstelle des Erwarteten die Notenblätter vorfanden. Er konnte sich nicht vorstellen, dass sie deren Wert zu schätzen wussten.

Der Gedanke ließ ihn schwitzen. Es war nicht nur der unersetzliche Verlust, der ihm den Schweiß auf die Stirn trieb, sondern ebenso die Angst, die Wegelagerer könnten ihren Irrtum bemerken und zurückkehren.

Den Rest der Reise hockte der Komponist mit hochgezogenen Schultern zwischen den Mitfahrenden. Er entspannte sich nur, wenn er die Melodien, die ihm diese Gemütsverfassung in der Gaststube beschert hatte, auf die Rückseiten von

Orlandinis Partitur schrieb. Je näher sie seiner Geburtsstadt kamen und je mächtiger die Musik in ihm arbeitete, umso mehr entspannte sich Händel. Er fand die Geisteskraft, seine weiteren Schritte zu planen. Er würde von Halle aus sofort einen Brief an den Freiherrn senden und die Antwort des hohen Herrn würde seine weiteren Schritte bestimmen. Für einen Moment erwog Händel, seinen Schwager ins Vertrauen zu ziehen, verwarf den Gedanken jedoch wieder. Michaelsen war Kriegsrat seiner preußischen Majestät. Sollte dieser Überfall in den Alpen wirklich Teil politischer Ränke sein, war es durchaus möglich, dass der Soldatenkönig, wie Friedrich Wilhelm auch genannt wurde, involviert war.

An einem sonnigen Tag im Juni, die Glocken der Marktkirchen schlugen gerade die Mittagsstunde, stieg Händel endlich an der Poststation in Halle aus der Kutsche. Er zog die Truhe aus dem Wagen und heuerte einen der Träger an, die ihre Dienste feilboten. Obwohl es Händel schwer ums Herz war und seine steifen Glieder nach der langen Reise schmerzten, schritt er so eilig aus, dass ihm der Tagelöhner nur mit Mühe folgen konnte.

Die Fenster des Eckhauses Am Schlamm waren weit geöffnet und der helle Sopran einer Frau drang auf die Straße hinaus. Sie sang ein Lied, das Händel an seine eigene Kindheit erinnerte. Abrupt blieb er stehen. Tränen stiegen ihm in die Augen. Und auch wenn er wusste, dass es unmöglich war, meinte er, die Stimme seiner Mutter zu hören.

Seine Nichte Friedericia öffnete ihm die Tür. Aus dem schreienden Baby, bei dessen Taufe er die Orgel gespielt hatte, war eine liebliche Jungfer geworden, die sittsam die Augen niederschlug. Sie trug die dunkelblonden Haare in der Mitte gescheitelt und zu einem schlichten Knoten im Nacken gebunden. Ihr Kleid war ebenso schlicht und betonte ihre mädchenhafte Figur. Nach all den gepuderten und aufgerüschten Sängerinnen und adeligen Damen war ihr Anblick so erfrischend wie Quellwasser.

»Seid gegrüßt, Onkel.« Friedericia nahm ihm Stock und Notenmappe ab und wies den Träger an, die Truhe abzustellen. »So früh haben wir Euch nicht erwartet. Ich schicke gleich einen Hausdiener zum Vater.«

Sie sprach und handelte mit ruhiger Anmut. Alles an ihr erinnerte Händel so sehr an seine verstorbene Schwester, dass er sich abwenden musste, damit ihm die Augen nicht überliefen.

»Die Großmutter schläft noch.«

»Wie geht es ihr?«

»Sehr viel besser.« Friedericia nickte eifrig. »Sie kann schon wieder am Stock laufen und freut sich auf Euren Besuch. Ich hoffe, Ihr bleibt diesmal länger.«

»Ich befürchte, das wird kaum möglich sein.« Händel stellte das Klavichord auf einen schmalen Tisch unterm Fenster. »Wahrscheinlich muss ich schon mit der nächsten Postkutsche nach Hannover weiterreisen.«

»Oh«, sagte seine Nichte. Sie wollte gerade etwas hinzufügen, hielt jedoch lauschend inne, als der silberhelle Ton einer Glocke sie unterbrach. »Die Großmutter ist wach.« Ein feines Lächeln erhellte ihre Züge. »Ich bringe Sie zu Euch.«

»Tu das, mein Kind.«

Jetzt war es endlich so weit. Er würde seine geliebte Mutter wiedersehen.

Händel ließ sich auf den Stuhl fallen, aufgeregt klemmte er die schweißnassen Hände zwischen die Oberschenkel. Leise Stimmen drangen aus dem Nebenzimmer und auf einmal wusste er, was er zu tun hatte. Er setzte sich an sein Klavichord und spielte das Lied, das sie ihn gelehrt hatte. Es war eine einfache Melodie und Händel verzichtete bewusst auf

Kontrapunkte und Verzierungen, sondern spielte das Stück so, wie er es aus seiner Kindheit kannte.

Das leise Knarren der Tür verriet ihm, dass er nicht mehr alleine war. Er hörte das Schleifen der Röcke, das Klackern des Stockes auf den Bodendielen, dann atmete er den vertrauten Veilchenduft ein. Doch da war noch ein anderer Geruch, ein fremder.

Tränen liefen über Händels Wangen, als er sich umwandte. Seine Mutter stand vor ihm. Alt war sie geworden, die Haut bleich und die Gestalt eingesunken. Doch ihr Gesicht wurde von dem Lächeln erhellt, das Händel seit seiner Kindheit kannte. Gestützt durch seine Nichte und einen Stock, kam sie näher. Ihre ehemals so schönen blauen Augen waren von einem milchigen Weiß überzogen.

»Danke«, sagte sie schlicht und strich ihm mit der Hand übers Gesicht. Ihre verhornten, vom Alter gekrümmten Finger wanderten über seine Stirn, seine Augen, seine Nase. Als sie seine Lippen berührten, schlang Händel die Arme um seine Mutter. Tränen liefen ihm über die Wangen. So standen sie lange, hielten sich fest, als wollten sie sich nie wieder loslassen.

Einige Tage später kehrte Händel an einem milden Vormittag gerade vom Stadtgottesacker zurück, wo er das Grab seines Vaters besucht hatte, als ihn seine Nichte mit den Worten empfing, in der Stube warte ein Bote aus Hannover auf ihn.

Der Raum in der ersten Etage verfügte über eine hübsche Kastendecke, kostbare Teppiche hingen an den Wänden und in dem offenen Kamin brannte im Winter stets ein lustiges Feuer. Eingerichtet war er mit zierlichen Sesseln und einem von mehreren hochlehnigen Stühlen umgebenen Tisch aus poliertem Holz. Frische Wiesenblumen standen darauf und die Fenster waren weit geöffnet.

Der Gast stand mit dem Rücken zum Raum und blickte

hinunter auf die Gasse. Er trug den roten Waffenrock der Hannoveraner, eine kurzzopfige Soldatenperücke und hatte sich den Dreispitz unter den Arm geklemmt. Er hielt sich soldatisch gerade.

Automatisch nahm Händel die Schultern zurück und zog den Bauch ein.

»Spreche ich mit Herrn Kapellmeister Georg Friedrich Händel?«

Sein tiefer Bass vibrierte in Händels Knochen. Die Vision eines nächtlichen Überfalls schob sich zwischen ihn und den Offizier. Der Komponist, der nie einen Ton vergaß, hätte diese Stimme unter Tausenden herausgehört.

»So ist es.« Händel war nicht feige und sein Verstand arbeitete auf Hochtouren. Es gab nur eine Möglichkeit: Er hatte einen Verräter vor sich. »Und Ihr seid?«, fragte er und lud seinen mehr als ungebetenen Gast mit einer Handbewegung ein, Platz zu nehmen. Nicht Gastfreundlichkeit war diese Geste geschuldet, sondern den zitternden Knien, die ihm die Erinnerung bereitete. Händel meinte, Schießpulver auf der Zunge zu schmecken. Während ein zeremonielles Lächeln seine Mundwinkel oben hielt, setzte er sich ebenfalls. Allerdings war er froh, einen Tisch zwischen sich und dem unbekannten Offizier zu wissen.

»Ich soll Euch diesen Brief meines Herrn, des Wirklichen Geheimen Rates Gerlach Adolph Freiherr von Münchhausen, übergeben.«

Mit einer angedeuteten Verbeugung reichte der Offizier Händel einen Umschlag, der mit einem verwischten Siegel verschlossen war. So weit schien alles seine Richtigkeit zu haben und hätte er die Stimme nicht erkannt, die immer noch in seinen Knochen vibrierte, hätte Händel keinen Verdacht geschöpft. Doch so blieb er misstrauisch. Vielleicht war das Schreiben echt, vielleicht war es eine Fälschung.

Er hatte sehr wohl registriert, dass der Offizier seine Frage nicht beantwortet hatte, insistierte jedoch nicht. Mit scheinbar größter Unbefangenheit brach er das Siegel und las den Brief. Adressiert war es an den hochwohlgeborenen Hofkomponisten und verfasst in melodiösem Französisch.

»Wisst Ihr, worum mich der Geheimrat bittet?« Händel legte den Brief auf die polierte Tischplatte.

»Ihr sollt mir eine Truhe übergeben«, antwortete der Offizier. »Mehr weiß ich nicht.«

»Steht Ihr schon lange im Dienste des Freiherrn?«

»Ist das von Belang?« Ein misstrauischer Blick traf Händel.

»Ihr seid sicherlich in Eile?«

In diesem Moment öffnete sich die Tür und Friedericia trat ein. Ihr folgte eine Dienerin, die ein Tablett mit einer Kristallkaraffe und Gläsern trug.

»Wir dachten, Euer Gast braucht eine Erfrischung.« Friedericia lächelte ihren Onkel an. »Und auch Ihr braucht sicherlich nach dem Spaziergang einen frischen Trunk.«

Auf ihr Geheiß stellte die Dienerin das Tablett auf den Tisch und entfernte sich nach einem Knicks.

»Bleib doch einen Moment bei unserem Gast.« Händel war nicht wohl bei dem Gedanken, seine Nichte mit dem Offizier allein zu lassen, andererseits musste er schnell handeln.

»Ich hole eben die Truhe.«

»Bemüht Euch nicht, werter Onkel, das können doch die Diener machen«, wandte Friedericia ein.

»Ich gehe lieber selbst.« Händel spürte den misstrauischen Blick des Offiziers im Rücken.

Auf dem Weg zu seiner Kammer begegnete ihm sein Schwager, der gerade aus dem Zimmer der Mutter kam. Michaelsen verbeugte sich. »Wie ich hörte, ist ein Bote vom Hof in Hannover eingetroffen.«

Händel nickte, wollte weitereilen, doch dann fasste er einen

Entschluss. Königlich-preußischer Kriegsrat hin oder her, sein Schwager war ein redlicher Mann.

»Folgt mir bitte.« Händel zog Michaelsen in seine Kammer, wo er ihn hastig einweihte.

»Und was ist nun Euer Plan?« Sein Schwager rang die Hände. »Nach allem, was Ihr schildert, ist dieser Offizier ein Verräter.«

»Habt Ihr eine Truhe, die dieser gleicht?« Händel zog die venezianische Truhe unter seinem Bett hervor. »Und könnt Ihr sie mit versiegelten Briefen füllen?«

»Ich verstehe.« Michaelsen rieb sich das Kinn. »Kehrt zurück zu Eurem Gast und haltet ihn noch ein bisschen hin, ich kümmere mich um alles Weitere.«

Die stille Zuversicht des Schwagers bewirkte, dass Händel sehr viel leichter zumute war, als er die Stube betrat. Friedericia stand sofort vom Tisch auf. Sie schien erleichtert zu sein und entfernte sich, eine Entschuldigung murmelnd.

»Die Truhe erwartet Euch an der Eingangstür«, beantwortete Händel die unausgesprochene Frage seines Gastes. »Doch bevor Ihr geht, erzählt mir ...« Der Komponist füllte die Gläser mit dem roten Wein, den seine Nichte gebracht hatte. »Was gibt es Neues am kurfürstlichen Hof zu Hannover?«

»Nun, da gibt es nicht viel zu sagen«, antwortete der Offizier ausweichend.

»Das könnt Ihr mir nicht antun.« Händel riss in gespielter Verzweiflung die Augen auf. Gleichzeitig fragte er sich, ob er nicht zu dick auftrug. Andererseits konnte es ihm nur recht sein, wenn der Offizier ihn für einen albernen Gecken hielt. »Königin Caroline würde es mir nicht verzeihen, wenn ich ohne den neuesten Klatsch nach London zurückkehre.« Er lächelte seinen Gast so liebenswürdig neugierig an, dass dem Offizier nichts übrig blieb, als zu antworten, wollte er keine unverzeihliche Unhöflichkeit begehen.

Es dauerte nicht lange, bis sich die Tür wieder öffnete und Händels Schwager eintrat. »Oh, entschuldigt«, sagte er mit einer Verbeugung. »Ich wusste nicht, dass Ihr Besuch habt.« Die Lüge kam ganz natürlich über seine Lippen.

Der Offizier nutzte die Gelegenheit, sprang auf und verabschiedete sich.

»Was nun?«, fragte Michaelsen, nachdem der Besucher die Stube verlassen hatte.

»Ich muss schleunigst nach Hannover.« Händel griff nach dem Glas und leerte es in einem Zug. Er würde seine Mutter vor der Zeit verlassen müssen. Es blieb ihm nicht einmal die Zeit, die nächste Postkutsche abzuwarten. Der Schmerz füllte ihn aus, ein dunkles Dröhnen.

»Das habe ich mir bereits gedacht.« Auch Michaelsen wirkte bedrückt.

»Ihr kümmert Euch um Sie, oder?«

»Das habe ich Eurer Schwester auf dem Totenbett versprochen«, erwiderte sein Schwager schlicht.

»Es wird Euer Schaden nicht sein.« Dankbar ergriff Händel die dargebotene Hand.

Der Abschied von seiner Mutter war tränenreich und auch vom Rest der Familie verabschiedete der Komponist sich nur ungern. Er wusste, dass Jahre vergehen würden, bis man sich wiedersah – wenn überhaupt. Noch einmal küsste Händel das faltige Gesicht der Mutter, dann verließ er das Haus seiner Kindheit.

Die Kalesche, die sein Schwager ihm für die erste Etappe seiner Reise zur Verfügung stellte, wartete bereits im Hof. Auf der hinteren Achse waren unter einer Pelerine die Kiste, Händels wenige Habseligkeiten und das Klavichord festgezurrt. Der Kutscher hob bereits die Peitsche, um das Zugpferd in Trab zu setzen, als ein Mann sich rufend und winkend näherte.

Händel und Michaelsen tauschten einen hastigen Blick. Sollte ihre List bereits entdeckt worden sein?

Doch der Bote stellte sich als Friedemann Bach vor, der den Komponisten im Namen seines Vaters nach Leipzig einlud. Mit großem Bedauern nahm er zur Kenntnis, dass der Herr Kapellmeister bereits auf dem Weg nach Hamburg war, um dort den Bassisten Riemenschneider zu engagieren. Durch diese Lüge hoffte Händel, eventuelle Verfolger abzuhängen, denn natürlich war er auf dem Weg nach Hannover.

Der Komponist hatte das Gefühl, von den Geistern der Unterwelt gejagt zu sein. Er trieb den Kutscher an, eilte von einer Poststation zur nächsten und schaffte so die Reise in sensationellen drei Tagen. Völlig erschlagen erreichte er den kurfürstlichen Hof zu Hannover. Er hatte es nicht gewagt, seinen Besuch durch einen Boten zu avisieren. Zu groß war das Risiko, dass sein Brief abgefangen wurde. So vertraute er auf seine guten Beziehungen und ließ sich beim Freiherrn von Münchhausen melden. Er hatte Glück und wurde umgehend vorgelassen.

»Mein lieber Freund.« Mit ausgestreckten Händen eilte der Minister Händel entgegen.

Gerlach Adolph Freiherr von Münchhausen war ein feinsinniger und kluger Mann, den nicht nur der König schätzte.

»Was bringt Euch nach Hannover?« Ein kurzer Blick streifte die Truhe, die ein Diener auf einem der Tische abstellte, bevor er sich mit einer Verneigung zurückzog.

»Ist Euer Bote noch nicht angekommen?«

»Unser Bote?«

»Der Offizier, den Ihr mir, auf meinen Brief hin, geschickt habt.«

Mit einer Handbewegung entließ der Minister die anwesenden Hofbeamten. »Erklärt Euch«, forderte er Händel auf, nachdem sich die Tür hinter dem letzten Lakaien geschlossen hatte.

Der Komponist erzählte dem Minister die ganze Geschichte und beschrieb den Offizier. Doch so gut er sich an Töne erinnerte, so schlecht war sein Gedächtnis für alle Details, die man mit dem Auge wahrnimmt. ›Du siehst mit den Ohren‹, hatte ihn einst seine Mutter geneckt. Und wahrscheinlich hatte sie recht gehabt.

Enttäuscht schüttelte der Minister den Kopf. »Diese Beschreibung passt auf so ziemlich jeden Offizier der kurfürstlichen Garde. Aber immerhin ...« Er stand auf und ging hinüber zu der Truhe. Aus der Westentasche zog er einen goldenen Schlüssel, das Schloss sprang mit einem Knacken auf und er hob den Deckel. »Wollt Ihr nicht sehen, was Ihr gerettet habt?« Lächelnd drehte sich von Münchhausen zu Händel um.

Nach einem Moment des Zögerns blickte der Komponist in die Kiste. »Wechsel«, murmelte er. »Unterschrieben vom Schatzkanzler des ersten Königs von Preußen.«

»Der ehrenwerte Konsul Smith hat sie im Auftrag König Georgs aufgekauft.« Münchhausen schloss die Truhe.

Händel nickte. Jeder am Hof wusste von der lebenslangen Feindschaft der königlichen Vettern. Und jeder am Hof wusste ebenfalls, dass Friedrich Wilhelm, der jetzige König der Preußen, seinen Ehrgeiz darin setzte, die Staatsfinanzen in den Griff zu bekommen und die Schulden seines Vaters zu tilgen.

»Ihr habt Eurem König einen großen Dienst erwiesen.« Von Münchhausen nickte dem Komponisten wohlwollend zu.

»Und einen ebenso großen Verlust erlitten«, seufzte Händel und dachte an die Partituren, die er wohl nie wiedersehen würde.

Elke Pistor

Schmusekätzchen

Bergzoo

Mandy Winkler-Uhlig liebte Katzen nicht nur, sie vergötterte sie geradezu. Für ihre sechs Lieblinge räumte sie ihr Bett und schlief stattdessen manches Mal auf dem Boden, sie stand bei heftig maunzend vorgetragenem Verlangen mitten in der Nacht auf, um die Futternäpfe zu füllen, und wünschte allen mit schmerzendem Rücken und dunkel beringten Augen persönlich einen guten Morgen.

Ihre Einrichtung bestand aus Kratzbäumen und -tonnen, unter der Decke und die Wände entlanglaufenden Catwalks, flauschigen Fellhöhlen, mit Handtüchern ausgelegten Pappkartons und Hängematten an den Heizungen, unter den Stühlen und Tischen. In jedem Raum stand mindestens eine Katzentoilette, die morgens, mittags und abends gereinigt wurde.

Einmal hatte ein Nachbar Mandy Winkler-Uhlig angezeigt, die Polizei hatte vor ihrer Tür gestanden und Zutritt zu ihrem Balkon gefordert. Doch statt der angeblichen Haschischpflanzen fanden sich ausschließlich Katzengras und -minze und vor allem Baldrianstauden.

Die Namen ihrer samtpfotigen Mitbewohner hätten jeder Kindergartengruppe zur Ehre gereicht, aber Mandy Winkler-Uhlig hatte sich bewusst gegen klassische Tiernamen wie Muschi (so nannten bayrische Ex-Politiker ihre Ehefrauen und außerdem war das genderpolitisch überhaupt nicht okay), Mausi (das wäre ja, als ob man sein Kind Steak oder Schweinebraten nennen würde) oder einfach nur Kater (ein bisschen Mühe sollte man sich schon geben!) entschieden. So hörten ihre Minitiger auf klangvolle Namen wie Luna, Mia, Leo, Felix, Elisabeth und Waldemar. Die beiden Letzteren in Erinnerung an Mandys Urgroßeltern, die sie zwar nicht gekannt, bei denen sie aber auf Bildern eine gewisse Ähnlichkeit mit den beiden Perserkatzen entdeckt hatte. Kater Waldemars Schnurrbart war allerdings noch stattlicher als der des Ahnen und die Urgroßmutter schaute deutlich grimmiger vom Foto als Elisabeth von der obersten Kratzbaumetage herab.

Auf Partys fühlte Mandy Winkler-Uhlig sich erst dann wohl, wenn sie die Katze des Hauses entdeckt hatte, sie beglückte alle Freunde und Bekannte mehrmals täglich per WhatsApp mit den süßesten Fotos ihrer Fellnasen und führte vor dem Schlafengehen intensive Gespräche mit allen sechsen. Dazu kamen die ausführlichen Kuschelstunden mit ihren Schmusekätzchen, in denen Mandy Winkler-Uhlig unermüdlich kraulte, streichelte und tätschelte. Das waren die schönsten Momente des Tages.

Kurz, ein Leben ohne Katzen war für Mandy Winkler-Uhlig nicht nur sinnlos, sondern schlicht unmöglich.

Das war auch der Grund, warum sie eine Wohnung in der Tiergartenstraße bezogen hatte. Von hier aus bot sich ihr ein wunderbarer Blick auf die imposante Rückwand des Großkatzenhauses des halleschen Bergzoos. Um den Anblick der prachtvollen Raubkatzen auch von vorne genießen zu können, hatte sie sich eine Jahreskarte zugelegt. Die Malaysischen Tiger hatten es ihr angetan und vor allem Sompon, der Tigerkater, war ihr absoluter Favorit. Dass er mit achtzehn Nachkommen der erfolgreichste europäische Zuchttiger war, spielte dabei weniger eine Rolle. Vielmehr war es die Seelenverwandtschaft, die zwischen ihnen herrschte. Mandy Winkler-Uhlig spürte es genau: Sie und Sompon gehörten zusammen, waren eines Geistes, füreinander bestimmt. Artenübergreifender Gleichklang.

Zum ersten Mal war es ihr bei dem unseligen Zwischenfall im Sommer vor drei Jahren aufgefallen, als Sompon beim Sex nicht hatte an sich halten können und Momoe, das Weibchen, derart heftig in den Hals biss, dass dieses starb. So etwas kannte Mandy Winkler-Uhlig nur zu gut. Das Gleiche war ihr auch passiert. Also fast. Beinahe. Sozusagen. Natürlich hatte sie Ronny, ihren damaligen Partner, bei seinem ersten Besuch in ihrer Wohnung nicht in den Hals gebissen – jedenfalls nicht so heftig –, aber im Ergebnis kam es auf dasselbe hinaus. Egal ob Verbluten oder Ersticken. Tot war nun mal tot. Aber gut, mit einem Mann mit einer so heftigen Katzenhaarallergie wäre sie auf Dauer sowieso nicht glücklich geworden.

Mandy Winkler-Uhlig tröstete sich damit, dass es ja diesmal bei ihr keine Absicht gewesen war. Eher so etwas wie ein Unfall. Schließlich hatte sie wie Sompon in späteren Situationen bewiesen, dass sie auch anders konnte.

Als sehr nützlich bei der Beseitigung des überraschend verblichenen Liebhabers hatte sich der Umstand erwiesen, dass Mandy den Speiseplan ihrer sechsköpfigen Schar bereits seit geraumer Zeit auf ursprüngliche Barf-Ernährung umgestellt und ihnen rohes Fleisch serviert hatte. Natürlich waren die Mäuse und Stubenküken bereits tot. Mandy musste sie nur rechtzeitig aus der extra angeschafften großen Tiefkühltruhe nehmen. Vor allem Luna und Leo ließen sich Ronny schmecken, sodass der Vorrat rasch aufgebraucht war und nur noch die Knochen übrig blieben. Aus einigen hatte Mandy Winkler-Uhlig damals ganz entzückendes Katzenspielzeug herstellen können, den Rest entsorgte sie mit den Resultaten der Katzenkloreinigungen. So kam dann letztlich doch wieder das zusammen, was zusammengehörte.

Im Rückblick erkannte Mandy Winkler-Uhlig natürlich auch die anderen Parallelen in ihrem und Sompons Leben. Wie er badete sie sehr gerne, ruhte mit Vorliebe in der Sonne und wie er hatte sie schon mehrere Beziehungen gehabt.

An Mike Klepzig und Mario Zietzschmann erinnerte sie sich sehr gerne, hatten die beiden sie und ihre Kätzchen doch regelmäßig zum Schnurren gebracht. An René Irmisch dachte sie weniger begeistert. Er hatte bei seinem zweiten Besuch in ihrer Wohnung verkündet, dass er sich, sobald alle ihre Katzen in die ewigen Jagdgründe eingegangen wären, einen Hund anschaffen würde. Mandy war entsetzt gewesen. Vor allem, weil er keinen sehr geduldigen Eindruck gemacht hatte und sie befürchtete, dass er die Sache zu beschleunigen beabsichtigte. Diese Vermutung bestätigte sich, als sie bei seinem nächsten Besuch Rattengift in seiner Sporttasche fand. Zum Glück hatte Elisabeth auf die Tasche gepinkelt, sonst wäre Mandy nie dahintergekommen. So war es ein Leichtes, René zu überführen. Sowohl der Tat an sich als auch über die Regenbogenbrücke. Was an Gift mengenmäßig für sechs Katzen geplant war, genügte zum Glück auch für einen einzelnen Mann. Danach hatte Mandy sich erst einmal erholen müssen, denn schön gestaltete sich so etwas nie. Auch wenn es für alle das Beste gewesen war.

Der Tiger war Balsam für ihre Seele. Diese Stärke, diese Eleganz, dieses wunderbare Farbenspiel des glänzenden Fells. Letzteres hatte Mandy derart gut gefallen, dass sie ihre Friseurin gebeten hatte, ihr eigenes Haar in den gleichen Tönen zu färben. Und so strahlte Mandy Winkler-Uhligs Schopf nun in einem kräftigen Rotorange mit dunkelbraunen Strähnen. Nur im Nacken und am Pony setzten hellblonde Partien leuchtende Akzente.

Wenn Mandy Winkler-Uhlig Sompon besuchte, presste sie Stirn und Handflächen an die Glasscheibe des Geheges, während sie Kontakt zu dem Tigerkater aufnahm. Meist dauerte es nicht lange, bis er ins Becken sprang, planschte, tauchte und nach einem quer über das Wasser ragenden Baumstamm hangelte. Nur Mandy beachtete er nicht, aber das machte ihr nichts aus, weil sie ja wusste, warum er das tat: Ihr ganz besonderes Verhältnis sollte ihrer beider Geheimnis bleiben.

Je öfter Mandy Winkler-Uhlig den Zoo im Ganzen und Sompon im Besonderen in der Folgezeit besuchte, umso mehr reifte in ihr ein Entschluss: Sie wollte die Beziehung zwischen sich und dem Tigerkater tiefer gestalten und festigen, sie noch enger miteinander verbinden. Der beste erste Schritt auf diesem Weg erschien ihr die Übernahme einer Tierpatenschaft für Sompon. Alles andere würde sich sicher dann ergeben. Man sollte ja nichts überstürzen. Auch wenn die tausendfünfhundert Euro, die sie für eine solche Patenschaft im Jahr aufbringen musste, ein stolzer Betrag waren, wollte sie keine Kosten und Mühen scheuen. Schließlich hatte sie die begeisterten Berichte anderer Tierpaten auf der Facebook-Seite des Zoos über die persönlichen Begegnungen zwischen Tier und Pate gelesen und konnte es kaum erwarten.

Sie stellte sich vor, wie sie am Morgen des Heiligen Abends das Futtergeschenk für Sompon in einem großen Karton verstauen, ihn beim Auspacken beobachten und sich an seinem Spaß würde erfreuen können. Und auch bei der Bekanntgabe der Tierpatenschaft gab es ein Futterpaket für das Patenkind. Vielleicht ergäbe sich an dem Tag auch die Gelegenheit, Sompon einmal zu kraulen, zu streicheln und zu tätscheln. Sie wusste natürlich, dass das im Normalfall nicht gestattet wurde, weil es für die meisten Menschen zu gefährlich war. Aber für sie und Sompon galt das sicher nicht. Er war ihr großes Schmusekätzchen. Ja, das wäre es. Sie und Sompon. Aug in Aug, Seele an Seele.

Sie füllte den Patenschaftsantrag auf der Seite des Zooförderverreins aus und erwartete voller Spannung die Antwort. Als der Brief kam, riss sie ihn auf und überflog hastig die Zeilen.

Sehr geehrte Frau Winkler-Uhlig,
wir freuen uns sehr über Ihren Wunsch, die Patenschaft für eines unserer Tiere zu übernehmen und sich damit für Ihren Zoologischen Garten zu engagieren. Ab einem Jahresbeitrag von mehr als tausend Euro werden Sie namentlich auf einer Patentafel direkt am Gehege geehrt, Sie erhalten eine Urkunde und ein Foto des Tieres.

Mandy nickte heftig. Das wusste sie doch schon. Stand ja alles auf der Webseite des Fördervereins.

Sämtliche Tierpaten werden zum jährlichen Tag des Tierpaten eingeladen ...

Jetzt wurde es interessant.

... und haben die Möglichkeit, vor allem Ihr Patentier näher kennenzulernen.

Ja! Ja! Ja! Das war es, was Mandy wollte. Sompon noch näher kennenlernen. Wenn eine Steigerung ihrer bereits jetzt so tiefen geistigen Verbundenheit überhaupt möglich war. Begierig las sie weiter, doch was dann kam, zog ihr den Boden unter den Füßen weg.

Vor Schreck setzte sie sich auf Waldemar, der auf dem Stuhl im Flur geschlafen hatte. Der Kater maunzte lauten Protest, aber Mandy entschuldigte sich nur halbherzig bei ihm.

Leider müssen wir Ihnen mitteilen, dass Ihr Wunschtier, der Malaysische Tiger Sompon, bereits einen Paten hat. Vielleicht finden Sie in unserer Liste ein anderes Tier, dessen Patenschaft Sie gerne übernehmen möchten.

»›Bereits einen Paten hat‹?« Mandy Winkler-Uhlig sprang auf, trat dabei Waldemar auf den Schwanz, der, laut kreischend, das Weite suchte. Mandy bemerkte es nicht einmal. »›Ein anderes Tier‹?«, rief sie so laut, dass auch Elisabeth, Mia und Felix mit übers Parkett wetzenden Krallen auseinanderstoben. Wieder reagierte sie nicht. Stattdessen riss sie den Mantel von der Garderobe und warf ihn über die Schultern, stieg in ihre Stiefel und fischte mit einer Hand nach Schal und Mütze.

Mandy Winkler-Uhlig flog die Stufen nur so hinunter, stand nach wenigen Schritten vorm Haupteingang des Zoos und hielt dem Herrn im Kassenhäuschen ihre Jahreskarte unter die Nase. Dessen freundliche Begrüßung ignorierte sie. Mandy kannte nur ein Ziel: das Büro des Zooförderungsvereins. Ohne anzuklopfen, stürmte sie hinein und baute sich vor der Mitarbeiterin auf. Sie spürte, wie eine Ader an ihrer Stirn heftig anschwoll und ihr Herz raste.

»Sie verstehen nicht, um wie viel es geht«, polterte Mandy los. »Es muss Sompon sein. Nur Sompon. Kein anderes Tier!« Sie knallte ihre flache Hand wütend auf den Tisch und wischte dabei das Handy der Mitarbeiterin zu Boden. »Und erzählen Sie mir nicht, Sie könnten nichts dafür.«

»Gute Frau, jetzt beruhigen Sie sich doch erst einmal«, sagte die Dame des Zooförderungsvereins mit schreckgeweiteten Augen, aber geschult ruhiger Stimme. Nervös fischte sie ihr Telefon aus dem Papierkorb.

»Ich will mich nicht beruhigen. Ich will Sompon.«

»Unseren Malaysischen Tiger?«

»Genau den.« Mandy Winkler-Uhlig schnaubte. »Und da kommen Sie und sagen mir, dass ich meinen Schatz nicht haben kann. Dass ihn schon ein anderer hat. Aber ...« Sie beugte sich vor und starrte die Mitarbeiterin mit zusammengezogenen Augenbrauen finster an. »... aber so nicht! Nicht mit mir! Ich bin die Einzige, die Sompon ...«

»Ach, Sie meinen die Tierpatenschaft?«, fragte die Mitarbeiterin vorsichtig. Sie rückte sich auf ihrem Stuhl zurecht und räusperte sich vernehmlich. »Das hatte ich Ihnen doch, glaube ich, schon geschrieben. Die Patenschaft für Sompon ist für dieses Jahr vergeben. Sie läuft zwar demnächst aus, aber der jetzige Pate, der Zahnarzt Dr. Pein, hat bereits für das nächste Jahr sein Interesse wieder angemeldet.«

»Das können Sie doch sicher ändern.«

»Das tut mir leid, aber ich kann nicht so einfach ...«

»Natürlich können Sie das! Wer hat denn das Sagen im Zoo? Sie sind doch zuständig.« Mandy Winkler-Uhlig schloss die Augen, holte tief Luft und versuchte, sich zu beruhigen. So recht wollte ihr das aber nicht gelingen.

»Haben Sie denn schon mal über ein anderes Tier nachgedacht?« Das Zittern in der Stimme der Mitarbeiterin war nicht zu überhören. »Ein Blauschaf zum Beispiel. Da kostet die Patenschaft zweihundert Euro im Jahr und das sind doch auch ganz entzückende Geschöpfe.« Ohne Pause redete die Frau hinter dem Schreibtisch weiter gegen ihre Nervosität an. »Man nennt die Blauschafe auch Bharal oder Nahur. Ihre Heimat sind die zentralasiatischen Gebirge und das Beste ist ...« Sie kicherte übertrieben und Mandy hatte den Eindruck, sie hätte den Ernst der Lage immer noch nicht erkannt. »Das Beste ist: Das Blauschaf ist eine Ziegenart.« Sie lachte hysterisch. »Verstehen Sie? Blauschaf. Eine Ziegenart!«

»Ihr Blauschaf ist im besten Fall ein Frühstück für meinen Sompon.« Mandy ließ sich auf den Besucherstuhl plumpsen.

Das Lachen erstarb abrupt. Die Mitarbeiterin räusperte sich. »Was wäre denn mit einem Springtamarin für hundert Euro?« Die Frau changierte ins Rötliche, Schweißtropfen erschienen auf ihrer Stirn. »Das ist eine Primatenart«, ergänzte sie verunsichert.

»Eine Primatenart?«, fragte Mandy Winkler-Uhlig drohend, verschluckte sich und fing heftig an zu husten.

Die Mitarbeiterin nutzte die Gelegenheit und fuhr hektisch fort: »Ja genau. Eine Primatenart aus dem westlichen Amazonasbecken. Aus der Familie der Krallenaffen.«

»Affen?«, keuchte Mandy Winkler-Uhlig. »Was soll ich mit einem Affen? Ich will Katzen! Ich will Tiger! Ich will Sompon!«

»Er hat eine niedliche Knubbelnase und sehr flauschiges Fell wie ein kleines Kätzchen. Das wäre doch was für Sie, Frau Winkler-Uhlig.«

»Ihre knubbelnasigen Affen interessieren mich nicht die Bohne. Regeln Sie es gefälligst, dass ich die Patenschaft für Sompon bekomme!« Mandy stieß mit einem spitzen Finger in Richtung der Mitarbeiterin. Sie spürte, wie ihre Kräfte sie verließen. Lange würden ihre Nerven das nicht mehr mitmachen. Aber hier und jetzt ging es um alles oder nichts. Sompon oder nicht Sompon, das war hier die Frage. Unvermittelt brach Mandy in Tränen aus.

Die Mitarbeiterin starrte sie erschrocken an. »Wir finden schon etwas Schönes für Sie, Frau Winkler-Uhlig«, versuchte sie zu trösten. Zur Antwort schluchzte Mandy nur. Die Mitarbeiterin quetschte sich hinter ihrem Schreibtisch hervor, nahm ein Fotoalbum aus einem Regal und schlug es auf. »Was wäre denn hiermit?« Sie hielt Mandy das Album unter die Nase. »Der Lachende Hans.« Sie verharrte in der vorgebeugten Haltung und beobachtete vorsichtig Mandys Reaktion.

»Der was?« Durch den Tränenschleier erkannte Mandy einen schwarz-weißen Vogel mit blauen Flecken auf den Flügeln.

»Der Lachende Hans. Sein Gezwitscher hört sich an wie ein Lachanfall. Da kann man gar nicht anders, als mitzulachen.« Die Mitarbeiterin lachte, um es zu demonstrieren.

Mandy Winkler-Uhlig fixierte sie mit zusammengepressten Lippen.

»Ein Vogel, der Ratten und Mäuse fängt. Quasi wie eine Katze mit Flügeln. Für fünfzig Euro. Mit dem Geld, das Sie ursprünglich anlegen wollten, könnten Sie den Lachenden Hans dreißig Jahre lang als Tierpatin unterstützen.« Die Mitarbeiterin ließ das Album sinken.

Mandy Winkler-Uhlig sah zu ihr auf. Eine große, tiefe Leere breitete sich in ihr aus. Niemand verstand sie. Niemand begriff, wie sehr sie und Sompon zusammengehörten. An ihrer Bindung würden auch alle Blauschafe, Springtamarine und Lachenden Hanse nichts ändern. Langsam erhob sie sich, musterte die Mitarbeiterin von oben bis unten und packte Mantel, Schal und Mütze, bevor sie das Büro verließ.

Drei Monate später stand Mandy Winkler-Uhlig in freudiger Erwartung vor dem Großkatzenhaus. Gleich würde es so weit sein. Ihr Traum war zum Greifen nah. Sie und Sompon, für immer vereint. Der Weg dorthin war lang gewesen und nicht einfach, aber für Sompon hatte sie keine Mühe gescheut. Der Zahnarzt hatte recht schnell nachgegeben.

Die Tafel mit ihrem aufgedruckten Namen hielt der Vertreter des Zooförderervereins bereits in den Händen, der waschmaschinengroße Pappkarton mit dem Leckerchen für Sompon stand bereit. Mandys Herz klopfte. Sie schob die Box ins Gehege. Der Pfleger folgte ihr. Sompon stand an der Außenseite der Glastür, die zum Freigehege führte, und beobachtete jeden ihrer Schritte. Sie zwinkerte ihm zu und sah ihm an, wie sehr er sich darüber freute, dass sie nun seine Patin war. Hoffentlich schmeckte ihm ihr Geschenk.

Lange hatte Mandy darüber nachgedacht und mit dem Tierpfleger besprochen, was sie Sompon aus Anlass des feierlichen Ereignisses servieren wollte. Der Pfleger hatte sich beeindruckt von ihrem Wissen gezeigt und war auf fast alle ihre Vorschläge eingegangen. Natürlich sollte es Fleisch sein. Möglichst große Stücke. So naturbelassen wie möglich. Ihre Lieblinge zu Hause bekamen die tiefgekühlten Mäuse und Küken schließlich auch an einem Stück. Er war dagegen gewesen, sie dafür. Für Sompon nur das Beste! Zum Glück war es ihr in einem unbeachteten Moment gelungen, das Futter auszutauschen.

Mandy Winkler-Uhlig stellte den Karton in der Mitte des Geheges ab, folgte dem Pfleger wieder nach draußen und genoss die neidischen Blicke der anderen Zoobesucher.

Gespannt beobachtete sie, wie Sompon zum Karton ging, daran roch und mit der Pranke eine Seite aufriss.

Ein entsetzter Aufschrei ging durch die Zuschauer, als eine schlaffe Hand herausfiel. Auf dem weißen Ärmel leuchteten einige Blutflecke. Mandy Winkler-Uhlig runzelte die Stirn. Vielleicht hätte sie doch auf Sompons Tierpfleger hören und das Futter nicht im Ganzen servieren sollen. Zumindest aber hätte sie Dr. Pein vorher seinen Zahnarztkittel ausziehen sollen.

Theresa Prammer

Ja, ich will

Thalia am Markt

Er

Ihr Starren machte ihn wahnsinnig. Am liebsten wäre er aufgesprungen und weggelaufen. Wie so oft in den letzten Monaten. Und trotzdem saß er jetzt wieder vor ihr. Nach Hunderten Versuchen wusste er: Flüchten war kein Ausweg. Auf eine kurze Erleichterung würde nur Reue folgen. Und die musste mit Whiskey hinuntergespült werden, um die eigene Lächerlichkeit zu ertragen.

Er versuchte es mit einem tiefen Atemzug und einem Lächeln. Unter dem Tisch ballte er die Hände zu Fäusten. Wie schön wäre es, einfach zuzuschlagen. Aber nicht mal das schaffte er. Die Feigheit war zu seiner zweiten Haut geworden.

Sie blieb von seinen Qualen unberührt. Ein einziger Vorwurf. Eine Anklage. Mit ihrer Gefühllosigkeit, die immer nur verlangte, aber nicht mehr zu geben bereit war.

Früher waren seine Worte Liebkosungen, unter denen sie erblühte. Und jetzt?

Sein Handy vibrierte auf dem Tisch. Eine unbekannte Nummer. Beim Blick auf die Uhrzeit fing er an, sich noch ein bisschen mehr zu hassen. Vier Stunden hatte er hier gesessen, ohne es zu merken.

»Hallo?«, knurrte er ins Telefon.

»Herr ... Herr Schneidertal? Hier spricht Manja Büchner von *Thalia Halle*.«

»Hallo, guten Abend, Frau Büchner.«

Sofort war seine Stimme wieder seidenweich und zart. *Als hätte ein Goldbarren mit einem Weichspüler Sex gehabt und diese Stimme wäre das Ergebnis*, hatte ein Kritiker geschrieben. *Schneidertal ist nicht nur einer der begnadetsten Schriftsteller unserer Zeit, auch seine Lesungen sind ein Erlebnis. Welch Glück für die Menschheit, dass er sich vor so vielen Jahren gegen eine Karriere als Mediziner entschieden hat.* »Ich wollte nachfragen, ob Sie schon im Hotel eingetroffen sind?«

»Ja, danke. Eine ganz wunderbare Suite haben Sie da für mich ausgesucht. Und dieser Ausblick von hier oben über die Stadt, einfach herrlich.«

»Ach, wie schön. Hier sind alle ganz aufgeregt. Wir freuen uns so auf Ihre Lesung. Der Veranstaltungsbereich ist bereits aufgebaut.«

Sie plauderten, besprachen den Ablauf. Doch alles, woran er denken konnte, waren die kleinen Whiskeyfläschchen in der Minibar. Diese Lesereise war ein einziger Witz – für einen Autor, der nichts mehr zu sagen hatte. Er legte auf. Sie starrte ihn weiter an. Sie machte ihn impotent. Nicht als Mann. Sondern als Mensch.

Rasch klappte er den Laptop zu, um die weiße Seite des leeren Dokuments nicht mehr sehen zu müssen.

Und wie so oft in diesen Momenten war da der Gedanke, einfach einen Schlussstrich zu ziehen. Nicht unter das Schreiben. Sondern unter sein Leben.

Er stand auf und sah aus dem Fenster. Der Asphalt wäre nach der Lesung auch noch da. Ein Ultimatum, dachte er und holte sich eines der Whiskeyfläschchen.

Sie

Sie drehte sich auf die Seite und vergrub ihr Gesicht im Kissen. Die Müdigkeit nach der stundenlangen Zugfahrt fühlte sich an, als wäre ihr Körper mit Blei gefüllt. Dabei war doch das Gegenteil der Fall.

Sie hob den Kopf und sah zum Nachttisch. Ihr Herz begann, unregelmäßig zu klopfen, als sie seinen Namen auf dem Buchrücken sah. *Valentin Schneidertal.* Ob er bereits ihren Brief las, den sie an der Hotelrezeption für ihn abgegeben hatte? Vielleicht befand er sich jetzt sogar in einem der Nebenzimmer? Sie streckte die Hand aus und berührte die Wand am Kopfende des Bettes.

Die Vorstellung, er könnte dahinter wie sie in den Kissen liegen, um sich vor seiner Lesung auszuruhen, bescherte ihr sehr unseriöse Gedanken. Was würde Helmut sagen, wenn er das alles wüsste?

»Evchen, ich verstehe das nicht. Warum musst du denn nach Halle fahren?«, hatte er sie noch am Bahnhof gefragt.

Doch Evchen, die langweilige Ehefrau des noch langweiligeren Helmut, war in Wien geblieben. Hier in Halle lag nun Eva. Bereit für ihren Adam, der den Namen Valentin Schneidertal trug.

Seit Beginn seiner Karriere hatte sie jede Lesung in Wien besucht. Jahrelang hatte es ihr ganzes Geschick erfordert, unerkannt zu bleiben und ihm ihre anonymen Briefe zukommen zu lassen. Am Anfang strotzten ihre Zeilen vor Bewunderung. Doch mit den Jahren fing sie an, sich ihm zu offenbaren. Er war der Einzige, dem sie von ihrer fantasielosen Ehe erzählte. Von der Erweckung, die seine Bücher für sie waren. Sie gestand die Liebe, Sehnsüchte und Leidenschaften, die seine Worte entfachten.

Und er reagierte auf ihre Briefe. Nicht direkt, das konnte er ja auch gar nicht. Stattdessen fand sie in jedem seiner neuen Bücher Hinweise auf sich. Darum war sie schließlich sogar couragiert genug, über die tägliche Tortur ihres Makeups zu schreiben. Sie musste die vielen Tausend winzigen

Flecken auf Händen, Armen, Gesicht und Hals verdecken, die aussahen wie feuerrote Sommersprossen. Als Bluterin fehlte ihr die Fähigkeit der Blutgerinnung. Von Geburt an hatte sie das Von-Willebrand-Syndrom.

Die Anonymität der Briefe verlieh ihr vollkommene Freiheit. Und sie hätte auch so weitergemacht, wäre da nicht plötzlich dieser seltsame Augenblick der Klarheit in ihre monotone Ehe geplatzt wie ein überraschender Gast.

Helmut saß ihr beim Abendessen gegenüber und schaufelte Gulasch in sich hinein. Sie sah ihren Mann an und sagte: »Ich fahre nächste Woche für ein paar Tage nach Halle.«

Auf seine Fragen hatte sie den Besuch bei einer alten Freundin erfunden. Ihr schlechtes Gewissen hielt sich in Grenzen. Das Leben musste ihr doch einfach mehr bieten. Sie hatte schließlich nur dieses eine.

Das neue kirschrote Kleid hing an der Badezimmertür wie die Eintrittskarte in eine neue Welt. Den großen Make-up-Koffer hatte sie zu Hause gelassen. Sie würde nur eine leichte Abdeckcreme im Gesicht auftragen. Ihre restlichen roten Flecken blieben sichtbar. Denn heute Abend, bei seiner Lesung im *Thalia* am Markt in Halle, würde Valentin Schneidertal endlich die Verfasserin der anonymen Briefe kennenlernen.

Er

Als er auf der Rolltreppe in den ersten Stock der Buchhandlung stand, spürte er die Blicke, die ihm folgten. Sein Name wurde gewispert, offensichtlich erkannten ihn die Leute. Er versuchte, sich nicht anmerken zu lassen, dass ihm die Aufwärtsbewegung vorkam wie die reinste Achterbahnfahrt. Er hätte nach den drei kleinen Fläschchen Whiskey aufhören sollen. Jetzt war die ganze Minibar leer. Und sein Ultimatum lief.

»Sie haben etwas verloren«, sagte ein Mann hinter ihm und reichte ihm ein Kuvert.

Rasch stopfte Valentin den Brief, den die Rezeptionistin ihm beim Verlassen des Hotels gegeben hatte, zurück in sein Leseexemplar. Es war eine neue Nachricht von dieser Verrückten. Nach: *Mein liebster Valentin, heute ist ein bedeutender Tag,* hatte er aufgehört zu lesen.

Als frischgebackener Schriftsteller hatte er ihre Briefe noch amüsant gefunden. Auf seinen berühmten Partys hatte er den Gästen daraus vorgelesen. Sie waren der Running Gag. Doch mit den Jahren wurden ihm die Briefe ein Gräuel. Er verabscheute sie. Trotzdem musste er sie in geradezu masochistischen Anwandlungen jedes Mal lesen. Die Worte der Verfasserin waren Säure in seinen Wunden. Sie stand für alle, die glaubten, ihn zu kennen und mehr und mehr von ihm wollten. Er hasste sie. Die Unbekannte verfolgte ihn in seine Träume, obwohl er gar nicht wusste, wie sie aussah.

»Herr Schneidertal, guten Abend. Manja Büchner, wir haben telefoniert«, empfing ihn die Filialleiterin und führte ihn zu seinem Pult.

Alle Stuhlreihen davor waren besetzt. Er vermied den Blick auf das Publikum und tat so, als würde er die grüne Leselampe bewundern.

»Wir haben noch ein paar Minuten. Möchten Sie vielleicht im Aufenthaltsraum warten?«, bot Manja Büchner an. Ob sie an seinem Atem merkte, dass er getrunken hatte?

»Ich würde gerne auf die Toilette, bitte.«

Dort angekommen, klatschte er sich kaltes Wasser ins Gesicht. Ihm war so schwindlig. Jetzt vertrug er schon nicht mal mehr Alkohol. Im Spiegelschränkchen über dem Waschbecken fand er eine Familienpackung Aspirin, Deo, eine Zahnbürste und Trockenshampoo. Nichts, das half, nüchtern zu werden.

Er machte Atemübungen, bis es an der Tür klopfte.
»Herr Schneidertal, alles in Ordnung?«
»Ja, vielen Dank«, log er.
»Gut. Wir wären dann nämlich so weit.«

Sie

Trotz oder vielleicht auch wegen ihrer sehr katholischen Erziehung war Eva nie besonders gläubig gewesen. Bis zu diesem Moment. Mit jeder Faser ihres Körpers spürte sie, dass sie gleich etwas Außergewöhnliches von geradezu religiösem Ausmaß erleben würde.

Sie stand hinter der weißen Säule mit den Bildkalendern, während der Mann ihrer Träume nur ein paar Meter entfernt aus seinem Buch las. Er wirkte unkonzentriert. Wegen ihr? Hatte er den Brief gelesen und suchte sie?

Sie hatte absichtlich diesen Platz gewählt. Er sollte sie nicht einfach beiläufig sehen, wenn er ins Publikum blickte. Valentin Schneidertal übersprang ein paar Zeilen. Sie kannte die Stellen, die er las, in- und auswendig.

Und dann war er endlich da. Der Moment, in dem er sein Buch zur Seite legte und dem Publikum für die Aufmerksamkeit dankte. Im donnernden Applaus trat sie hinter der Säule hervor. Sie konnte nicht anders, als seinen Namen auszurufen.

»Valentin!«

Es klang wie eine Lobpreisung.

Sein Kopf schnellte in ihre Richtung. Ihre Blicke trafen sich. Er sah an ihr hinunter, auf ihr Dekolleté, ihre Arme.

Da war er, der ersehnte Ausdruck des Erkennens in seinem Gesicht. Es war genauso, wie es schon in der Bibel hieß: Und Adam erkannte sein Weib Eva. In dem Moment wusste sie, dass alle belanglosen Stränge ihres Lebens einzig dazu gut gewesen waren, sie heute an diesen Ort zu führen. In die Buchhandlung in Halle.

Er

Gleich würde er sich übergeben. Schon während der Lesung hatte er dem Drang, auf die Toilette zu rennen, widerstehen müssen. Er hatte das Gefühl, keine Luft zu bekommen. Sein Hals, sein Kiefer, seine Schultern, alles schmerzte. Der viele Alkohol schien sich nicht mit seinem Elend zu vertragen. Und jetzt, als Valentin begriff, dass diese Verrückte es war, die ihn eben gerufen hatte, brachen alle Dämme. Er brüllte: »Entschuldigung«, hielt sich die Hand vor den Mund und rannte los. Aus den Augenwinkeln sah er noch Frau Büchners erschrockenen Blick.

Am liebsten hätte er geheult, als er in seiner ganzen Jämmerlichkeit über der Kloschüssel hing. Der Star am Literaturhimmel war endgültig abgestürzt und raste mit Lichtgeschwindigkeit seinem Aufprall entgegen. Er ließ sich auf den Hosenboden fallen und lehnte sich an die Wand. Der kalte Schweiß stand ihm auf Oberlippe und Stirn.

Mach Schluss mit diesem armseligen Leben, sagte die Stimme in seinem Kopf.

»Herr Schneidertal, wie geht es Ihnen?«, hörte er Manja Büchner hinter der Tür.

Valentin rappelte sich hoch. Er sah in den Spiegel und erschrak. Seine Haut war so weiß wie die der irren Briefschreiberin. Fehlten nur die zahllosen roten Pünktchen. Bei dem Gedanken musste er sich erneut übergeben. Es existierte tatsächlich eine Person, die er noch mehr hasste als sich selbst. Sie stand für alles, was ihn vernichten wollte.

Es gibt Momente, da entscheidet das Leben auf geradezu mystische Weise. Ohne Zutun. Valentin hatte über diese spirituellen Eingebungen in seinen Büchern geschrieben, doch erlebt hatte er sie noch nie. Bis jetzt.

Die Erleuchtung überfiel ihn in der Toilette der *Thalia*-Buchhandlung in Halle. Plötzlich wusste er, dass nicht er es war, der sterben musste. Die Familienpackung Aspirin über dem Waschbecken war aus einem bestimmten Grund hier – zu seiner Erlösung. Er konnte sich retten. Drastische Umstände erforderten eben drastische Maßnahmen.

»Soll ich einen Arzt holen?«, rief Frau Büchner.

Er öffnete die Tür. »Verzeihen Sie, mir ist das sehr unangenehm. Ich scheine mir den Magen verstimmt zu haben. Sie haben nicht zufällig irgendwas Hochprozentiges für mich?«

»Oh, bitte, wir sind eine Buchhandlung. Natürlich haben wir Schnaps da. Mein Kollege Andreas Ruhland hat sogar einen sehr guten Cognac auf Vorrat.«

»Sie sind meine Rettung. Und sagen Sie doch bitte allen, dass ich in fünf Minuten wieder rauskomme.«

Während er auf Frau Büchner wartete, fing er an, auf dem Waschbeckenrand die Aspirintabletten zu zerdrücken. Mit jedem neuen weißen Häufchen wuchs die Euphorie. Dank seines Medizinstudiums wusste er, dass eine Bluterin mit dem Von-Willebrand-Syndrom auf keinen Fall dieses Medikament einnehmen durfte.

Sie

Während Valentin Schneidertal zurück an seinem Pult saß und Bücher signierte, sah er immer wieder zu ihr. Mit einem Lächeln, das sich direkt in ihr Herz bohrte. Und endlich, als er die letzte Leserin in der Reihe verabschiedet hatte, kam er zu ihr herüber. Sie war wie gelähmt vor Freude und Glück, als er sie ganz selbstverständlich auf die Wangen küsste. Dann holte er zwei Gläser und goss aus der Flasche unter dem

Pult ein. Sie fühlte sich wie ein kleines Mädchen, ihr Gesicht glühte. All die Worte, die sie ihm hatte sagen wollen, waren ihr entfallen.

»Was ist das?«, fragte sie kichernd.

»Cognac. Liebenswürdigerweise von Frau Büchner gespendet.«

»Oh, Cognac habe ich noch nie getrunken.«

»Na dann.« Er lächelte und reichte ihr das Glas.

Sein »Auf uns, Eva«, kombiniert mit einem tiefen Blick, ließ ihre Knie so weich werden, dass sie dachte, sie würde umkippen. ›Uns‹ hatte er gesagt. Er hatte also ihren letzten Brief gelesen. Der Brief, in dem sie ihm schrieb, dass sie ihm ihr ganzes Leben widmen wollte. Wenn er es wünschte, sogar als seine Frau. Ihre Hand zitterte so sehr, dass sie etwas von dem Cognac auf ihr neues Kleid verschüttete.

»O nein«, sagte sie und stellte das Glas ab.

Er

Sie rieb mit Mineralwasser den Fleck aus ihrem hässlichen roten Kleid. Es sah aus, als stammte es aus der Altkleidersammlung.

Valentin ließ ihr abgestelltes Glas nicht aus den Augen. Zweiundvierzig Aspirintabletten schwammen aufgelöst in der halb vollen Cognacflasche, die er jetzt lässig unterm Arm hielt. Wenn man genau hinsah, konnte man die winzigen weißen Flöckchen am Boden erkennen. Sie wirkten wie Kristallzucker. Er selbst hatte keinen Schluck davon genommen. Und das würde er auch nicht tun, obwohl er das Glas immer wieder an seine Lippen setzte, den Mund verzog und nach Luft schnappte, wie man es tut, wenn Alkohol in der Kehle brennt. Sobald sie ausgetrunken hatte, würde er unter dem Vorwand erneuter Übelkeit aufs Klo stürmen und die Flasche auf den Fliesenboden fallen lassen. So ein Pech, der gute Cognac. Er würde ihn natürlich ersetzen, müsse allerdings dringend ins Hotel, ja, ja, es ginge ihm nicht gut. Selbstverständlich würde er sich vorher mit Eva für den nächsten Tag verabreden. Zum Lunch. Zu dem sie nicht auftauchen konnte. Weil sie da bereits tot wäre. Innerlich verblutet. Das passierte innerhalb von sechs Stunden, wenn man Patienten mit dem Von-Willebrand-Syndrom Blutverdünner wie Aspirin verabreichte. Und er wäre befreit von ihr und allem, wofür sie stand.

»Ich glaube, der Fleck ist weg«, sagte er und reichte ihr erneut das Glas. Sie lächelte. Er zwang sich zurückzulächeln. Seine gesamte Gesichtsmuskulatur war verkrampft. Er prostete ihr zu. Dabei wurde ihm wieder heiß. Alles drehte sich. Und auch dieser höllische Schmerz in Schultern und Nacken flammte erneut auf, sogar schlimmer als zuvor. Viel schlimmer.

Sie

»Valentin«, schrie sie, als er vor ihr zusammensackte. Sie wollte ihn auffangen, bekam aber nur sein Glas zu fassen. Wie eine aufblasbare Puppe, aus der man die Luft rauslässt, glitt er zu Boden.

Sie kniete sich neben ihn und hielt seine Hand, während er röchelte. In der Ferne hörte sie jemanden brüllen, man solle einen Krankenwagen rufen. Oder war sie das selbst? Hinter ihr herrschte ein einziges Durcheinander.

Valentin versuchte, etwas zu sagen. Sie lehnte sich vor, ihr Ohr an seinem Mund. Es klang wie: »Trink.«

Sie schnappte das Mineralwasser und setzte es ihm an die Lippen. »Hier, trink, mein Liebster.«

Während sie ihm Wasser einflößte, verzerrte sich sein Gesicht noch stärker. Er versuchte, erneut etwas zu sagen, doch es war unverständlich.

Sie schüttelte den Kopf. »Nicht anstrengen, du darfst dich nicht anstrengen, mein Liebster. Ich bin da. Und ich gehe nicht mehr weg. Nie wieder. Ich gehöre dir. Wie ich es in meinem letzten Brief geschrieben habe.«

Er verzog den Mund, sein flehender Blick trieb ihr Tränen in die Augen.

Sie verstand, was er meinte. »Ja, ich will«, sagte sie, beugte sich vor und küsste ihn.

»O Gott, Sie Arme. Das tut mir ja so furchtbar leid.«

Eva saß auf dem Platz, an dem vor einer Stunde noch ihr geliebter Valentin Schneidertal gesessen hatte. Vor ihr stand die Dame, die sich als Filialleiterin der Buchhandlung vorgestellt hatte.

»Wann wollten sie denn heiraten?«

»Es gab noch kein Datum«, wisperte Eva.

»Bitte bleiben Sie hier sitzen, solange Sie wollen.«

Eva sah der Buchhändlerin nach, die hinüber zum Notarzt ging. Er hatte nur noch Valentins Tod feststellen können. Wahrscheinlich Herzversagen.

Wie konnte das Schicksal nur so grausam zu ihr sein?

Auf dem Tisch lag noch immer Valentins Leseexemplar. Sie klappte es auf. Beim Anblick ihres Briefs darin begann sie wieder zu weinen. Er hatte ihn bei sich getragen, mitgenommen zu seiner letzten Lesung. Rasch klappte sie das Buch zu und steckte es in ihre Handtasche. Irgendjemand hatte die beiden Cognacgläser auf einen der Büchertische gestellt. Sie stand auf.

»Auf uns, mein Liebster«, sagte sie und prostete Richtung Decke.

Sie musste sich zwingen, die Gläser auszutrinken. Kein Wunder, dass sie bis jetzt nie Cognac getrunken hatte. Der schmeckte einfach schrecklich bitter.

Nadine Buranaseda

Endstation Frohe Zukunft

Hallesche Verkehrs AG

> *Viel der Dämonen leben mir im Busen.*
> *Helft mir im Kampfe mit der dunklen Macht:*
> *Stark ist der Haß, doch stärker ist die Liebe.*
> Eduard von Bauernfeld (1802-1890) in: *Der Selbstquäler*

Heute ist der glücklichste Tag meines Lebens. Wenn ich das mit meinen achtundvierzig Jahren behaupte, dann hat das etwas zu bedeuten, meinen Sie nicht?

Der Himmel über Halle ist grau, als ich aus dem Hotel in der nördlichen Innenstadt trete und mich, an dem wiehernden Fohlen aus Bronze vorbei, nach links wende. Kein Sonnenstrahl dringt durch die schwere, dichte Wolkendecke, jeden Moment fängt es zu regnen an. Wenn Engel reisen ...

Ich fasse meine Handtasche fester und blicke auf die Uhr. Fix luja, ich bin spät dran, denn ich habe mich partout nicht entscheiden können, was ich anziehen soll. Sie kennen das Dilemma. Geschlagene zwei Stunden habe ich vor dem Spiegel verbracht. Das schwarze Kostüm? Oder meine Lieblingsjeans und dazu die weiße Bluse? Darin sehe ich mindestens zehn Jahre jünger aus, ganz ohne Übertreibung. Am Schluss habe ich mich für das dunkelgraue Wollkleid entschieden, das meine Figur betont, aber nicht zu viel preisgibt – und das üppige Frühstück verpasst. Aber ich hätte eh keinen einzigen Bissen hinunterbringen können. Nicht heute.

Hastig laufe ich durch die Fußgängerzone und steuere auf die Haltestelle Am Leipziger Turm zu, die mir die freundliche Dame an der Rezeption in einen faltbaren Stadtplan eingezeichnet hat. Ich zwänge mich an einer lärmenden Gruppe Schüler vorbei, in letzter Sekunde springe ich in die Linie 7. Die Türen schließen sich hinter mir, die Tram fährt an und nimmt schnell Fahrt auf. Ich erwische den nächstbesten Haltegriff. Außer Atem bleibe ich stehen. Es ärgert mich, dass ich derart ins Schwitzen geraten bin, und ich werfe meinem Spiegelbild in der Scheibe einen prüfenden Blick zu. Die Frisur hat mich eine weitere halbe Stunde gekostet ...

»Himmisakra«, fluche ich leise vor mich hin. Vielleicht bietet sich später die Gelegenheit, mein kinnlanges kastanienbraunes Haar, das ich mühevoll zu weichen Locken aufgewickelt habe, zu richten, aber ich habe meine Zweifel.

Um mich zu beruhigen, taste ich nach dem Brief in meiner Manteltasche. Einen Wimpernschlag lang finde ich ihn nicht. Mir ist, als würde mein Herz stehen bleiben, das können Sie mir glauben. Doch dann kriege ich den Umschlag zu fassen. Er ist abgegriffen, so oft habe ich ihn zur Hand genommen und den Inhalt gelesen, den ich inzwischen auswendig kenne.

Ein erleichtertes Lächeln stiehlt sich auf meine müden Züge. Kurz nachdem wir uns kennengelernt haben, bin ich auf einen Artikel über Handschriften gestoßen. Ronny ist ein grundehrlicher Typ. Loyal. Und treu. Das zeigen auch die fein säuberlich geschriebenen, akkuraten Zeilen. Blaue Tinte auf kariertem Papier.

Wissen Sie, ich habe eine lange Reise hinter mir. Gestern bin ich in der Stadt angekommen, die auf mich so fremd wirkt, und habe die ganze Nacht kein Auge zugetan. Bei Tageslicht erscheint mir meine süddeutsche Heimat wie ein anderer Planet. Ich kann immer noch nicht glauben, dass ich mich überhaupt getraut habe, die Fahrt anzutreten, ich, die ich mich niemals mehr als hundert Kilometer von dem Dorf, in dem ich aufgewachsen bin, entfernt habe.

Waren Sie schon mal richtig verliebt? Ich spreche nicht von Schwärmerei, sondern von tiefer, bedingungsloser Liebe, die keine Grenzen kennt. Nur wenige Minuten, dann werde ich ihn sehen. Ihn berühren, seine Wärme spüren, ihn schmecken. All die Monate habe ich diesen Moment herbeigesehnt. Ich lächele erneut, die Leute um mich herum müssen mich für verrückt halten.

Das Warten hat sich gelohnt, davon bin ich fest überzeugt. Endlich habe ich einen, der mich so liebt, wie ich es verdiene, geliebt zu werden. Das habe ich von der ersten Sekunde an gewusst. Und dafür habe ich jeden Abend vor dem Schlafengehen gebetet. Ich gehöre zu den Menschen, die noch an Gott glauben. Schon bevor wir uns zum allerersten Mal würden gegenübergestanden haben, hat mir Ronny gezeigt, wie sehr er mich liebt. Immer hat er ein offenes Ohr für mich und meine kleinen und großen Probleme. Wo gibt es das heutzutage noch? Wenn ich abends abgekämpft von der Arbeit im Krankenhaus heimkehre, empfangen mich seine tröstenden Zeilen. Und immer wieder versichert er mir, dass ich seine Traumfrau bin. Er tut mir gut, so gut.

»Nächste Haltestelle: Franckeplatz«, ertönt es aus dem Lautsprecher. »Zugang zum europäischen Kulturdenkmal Franckesche Stiftungen.«

Wenig später drücke ich den Türöffner, verlasse die Tram und warte unter den beiden Betonbrücken, über die der Verkehr donnert, auf die Linie 1. Der Lärm macht mich nervös, so viel Trubel bin ich nicht gewohnt. Als ich in die nächste Bahn steige, nehme ich im Augenwinkel eine Bewegung wahr. Kalte Angst streckt ihre Finger nach mir aus. Hektisch schaue ich mich nach allen Seiten um, entdecke jedoch niemanden, der mir bekannt vorkommt.

Langsam beruhigt sich mein Herzschlag. Du siehst Gespenster, sage ich mir und setze mich auf einen der hintersten

Plätze. Die Handtasche stelle ich auf dem Schoß ab und klammere mich daran fest, als könnte sie mir selbst inmitten eines Orkans Halt geben. So habe ich es bereits als kleines Mädchen mit meinem Schulranzen gemacht, wenn ich mich unsicher fühlte.

Die ersten Regentropfen klatschen gegen die Scheiben der Tram. Die Frisur wird noch mehr leiden, bis ich mein Ziel erreicht habe. Wasserschlieren rinnen das Glas hinunter und verzerren die Welt da draußen. Ich fröstele und bin froh, dass ich es wenigstens rechtzeitig ins Trockene geschafft habe.

Am Anfang hat mich seine Aufrichtigkeit gerührt, müssen Sie wissen. Ich habe Ronny gesagt, dass ich den Kontakt sofort abbrechen würde, wenn er ein Mörder oder Vergewaltiger ist. Er hat sich nicht geschont und mir die ganze Wahrheit offenbart. Über seine Kindheit, die nur aus Schlägen bestanden hat. Über die Frauen, die ihn nach Strich und Faden betrogen haben. Über die schlechte Gesellschaft, in die er sich begeben hat, wieder und wieder. Schließlich ist in mir die Überzeugung gereift, dass jeder Mensch eine zweite Chance verdient. Mir kommen die Tränen, als ich an seine Beichte denke, daran, dass er ein Bettnässer gewesen ist, bis er vierzehn Jahre alt war, und daran, dass ihn sein Vater am nächsten Morgen immer mit dem besudelten Bettlaken durchs Viertel gejagt hat.

»Nächste Haltestelle: Marktplatz.«

Vor mir schälen sich fünf Türme aus dem Regenschleier. Mittlerweile trommeln die Tropfen in gleichmäßigem Rhythmus auf die Tram, die mit einem Ruck zum Stehen kommt, Fahrgäste entlässt und neue aufnimmt. Verschwommen beobachte ich, wie sich ein paar Marktbesucher mit eingezogenen Köpfen vor dem Schauer unter die Vordächer der bunten Stände und Verkaufswagen flüchten.

Ronny ist bestimmt kein Heiliger, das will ich gar nicht

behaupten, aber er hat ein Herz. Ein Herz aus Gold, das nur für mich schlägt. Und ich habe geschworen, auf ihn zu warten. Zwei Jahre hat er noch vor sich, doch das spielt keine Rolle. Wir können uns schreiben – und sehen. Wie heute.

Wieder gleitet meine Hand in die Manteltasche. Fast meine ich, sein Parfüm durch den dicken Wollstoff riechen zu können. Er riecht so gut. Nach Leder und Zedern. In jeden Brief steckt er ein Taschentuch, das er mit seinem Lieblingsduft tränkt. Er ist eben ein Romantiker, finden Sie nicht?

Ich seufze tief, die Tram fährt an. Sie fragen sich sicher, was ich für ein Mensch bin. Nun, das Leben hat es nicht immer gut mit mir gemeint. Die Geburt meiner Tochter gehört zu den helleren Kapiteln. An die Trennung von meinem Mann, die ich erst vor Kurzem durchgestanden habe, mit Tränen und zerbrochenem Geschirr, will ich nicht mehr denken. Auch nicht daran, dass mich meine beste Freundin vor Ronny gewarnt hat. Ich habe noch den eindringlichen Unterton in ihrer Stimme im Ohr.

»Anni, bist du dir bewusst, auf was du dich da einlässt? Eure Beziehung wird keine Zukunft haben.«

»Das glaube ich nicht«, habe ich geantwortet und das Kinn gereckt. »Ich *weiß*, dass es funktionieren wird.«

»Da ist schon allein der Altersunterschied. Ronny ist nicht mal vierzig. Sobald er draußen ist, wird er sich eine Jüngere suchen.«

»Nein, Ronny ist anders. Du kennst ihn nicht so, wie ich ihn kenne.«

»Du verschließt die Augen vor der Realität, Anni. Du bist eine gestandene Frau, hattest immer alles im Griff. Selbst nach der Scheidung von Ferdl hast du dich nicht aufgegeben, sondern dir eine neue Existenz aufgebaut. Du weißt, dass ich nur dein Bestes will, aber mir bricht es das Herz, wenn ich daran denke, wie du dein Leben an diesen Mann verschwendest.«

»Du übertreibst, Christl«, habe ich trotzig zurückgegeben.

»Nein, ich habe Angst um dich. Was ist, wenn er dir gegenüber gewalttätig wird?«

»Das wird nicht passieren«, habe ich erwidert und mich zu einem Lächeln gezwungen, das kann ich gut. Manche Menschen verstehen einen nie, nicht wahr?

»Was macht dich so sicher, Anni? Wer weiß, wen du dir da ins Haus holst!«

»Ich bin nicht naiv, natürlich habe ich darüber nachgedacht. Ich habe alle Möglichkeiten durchgespielt und weiß deine Sorge zu schätzen. Aber ich lasse mir mein Glück nicht wegnehmen, auch nicht von dir, Christl.«

Ich habe ihr nicht erzählt, dass wir bereits Pläne geschmiedet haben. Über die Zeit danach, wenn Ronny in Freiheit sein wird. Das hätten Sie an meiner Stelle nicht anders gemacht, richtig? Freilich, auch ich frage mich, wie es sein wird, wenn wir unter einem Dach leben. Wenn er nicht mehr der Gefängnisroutine unterworfen ist. Wenn er sein eigener Herr ist.

Am wichtigsten ist, dass er Arbeit findet, damit ihm nicht die Decke auf den Kopf fällt. Ich habe zwar mein Auskommen, reich bin ich damit allerdings längst nicht. Ich erwarte, dass Ronny seinen Teil zu unserem gemeinsamen Leben beiträgt. Das habe ich ihm klargemacht, und er hat mir geschworen, sich einen Job zu besorgen. Im Gegenzug habe ich ihm versprochen, niemals die Geduld mit ihm zu verlieren, das bin ich ihm schuldig. Ich fühle mich verantwortlich für ihn. Es ist meine heilige Pflicht, mich um ihn zu kümmern!

»Nächste Haltestelle: Joliot-Curie-Platz. Oper Halle, das Musiktheater der Stadt.«

Die Lautsprecherstimme reißt mich aus den Gedanken. Ein plötzlicher Schmerz durchzuckt mich und verdrängt die warme Glückseligkeit, die mich eben noch erfüllt hat. Es wird seine Zeit dauern, bis ich die Schatten der Vergangenheit endgültig hinter mir lassen kann.

Energisch schiebe ich die düsteren Bilder beiseite und verliere mich in schöneren Erinnerungen, während sich das Kommen und Gehen wiederholt. Mit klopfendem Herzen denke ich an die Kontaktanzeige, die ich im Netz entdeckt habe, an einem der vielen einsamen Abende, die ich vor dem Computer verbracht habe. Damit hat er mir aus der Seele gesprochen.

CHIFFRE 8743/11/1979
Ronny
*Geburtsjahr 1979*13507 Berlin*

FLUCHTHELFERIN GESUCHT!!!

Hi, ich bin's, der Ronny.
Wenn du mit mir aus dem Alltag flüchten und mit mir auf die Reise deines Lebens gehen willst, dann solltest du mir schreiben. Ich bin eine ehrliche Haut, durch und durch, ein Optimist, wie er im Buche steht, aufgeschlossen, unternehmungslustig. Ein Typ zum Pferdestehlen. Apropos: Ich bin tierlieb. ☺ Und falls du bereits Mama bist, ist das kein Problem für mich. Mir ist es leider bisher nicht vergönnt gewesen, selbst Vater zu sein.

Trotz meiner Situation habe ich meinen Humor, meinen Charakter, meine Leidenschaft und meine Menschlichkeit nicht verloren. Ich frage mich täglich, wo mein Glück geblieben ist. Geht es dir vielleicht genauso?

Loyalität sollte für dich kein Fremdwort sein. Wenn du einmal mein Vertrauen gewonnen hast, wirst du es ein Leben lang haben. Ich bin vielseitig interessiert und möchte mich nicht nur über das Wetter oder den neuesten Klatsch und Tratsch unterhalten, dafür gibt es Zeitungen und Fernsehen im Knast. Ich möchte mit dir über die wirklich wichtigen Dinge im Leben reden.

Ich bin auf der Suche nach einer aufrichtigen und zuverlässigen Brieffreundin. Sei ehrlich, wann hat dir das letzte Mal ein Brief ein Lächeln ins Gesicht gezaubert? Wenn du dich nun von mir angesprochen fühlst, zögere nicht, dich bei mir zu melden. Ich beantworte jede Zuschrift, garantiert!

Links daneben ein Foto von Ronny. Ich erröte bei dem Gedanken daran. Er steht breitbeinig in sonnengelbem T-Shirt und unverschämt kurzer Jeanshose vor einer Hauswand, die Fäuste in die Hüften gestemmt. Auf seiner Glatze sitzt lässig eine Sonnenbrille. Er lächelt in die Kamera. Ein umwerfendes Lächeln, das mir sofort eine Gänsehaut über den Rücken geschickt hat. Er hat so einen feinen Zug um den Mund. In seinem ersten Brief, den ich immer bei mir trage, hat er mir geschrieben, dass er normalerweise nicht so offen ist. Auch wenn ihm der Schalk im Nacken sitzt, ist Ronny ein nachdenklicher Mensch voller Wärme und Güte.

Danach habe ich mich in ihn verliebt. Hals über Kopf.

»Nächste Haltestelle: Am Steintor. Steintor-Varieté, ältestes Varieté Deutschlands.«

Schon von Weitem sehe ich die vielen Leute, die sich auf dem Bürgersteig drängen. Junges Volk, wahrscheinlich Studenten, steigt ein und belegt sämtliche freien Sitzplätze. Mir ist nicht wohl bei so vielen Menschen. Prompt hat sich ein Pärchen neben mich gequetscht, sie auf seinem Schoß, und küsst sich ungeniert. Seine Hände sind überall. Ich rutsche so weit wie möglich zur Seite und muss wegschauen. Das geht mich nichts an.

Selbstverständlich haben wir auch über den Abend gesprochen, der Ronny schließlich hinter Gitter gebracht hat. Er hat es mir erklärt, ich habe es verstanden, darüber gibt es nichts zu diskutieren.

Doch das alles liegt weit, weit hinter ihm. Heute ist Ronny ein anderer Mensch, darauf gebe ich Ihnen Brief und Siegel. Und wenn nicht ... Nun, ich habe vorgesorgt für diesen Fall.

Als ich seine Stimme zum ersten Mal gehört habe, ist es mir durch und durch gegangen. Dieses Timbre, hach. So viel Wärme, so viel Nähe, das hätte ich niemals für möglich gehalten. Kein Mann hat mir je so viel von sich erzählt wie Ronny. Irgendwann habe ich begriffen, dass ich in mir selbst gefangen gewesen bin, er hat mich im wahrsten Sinne des Wortes befreit. In ihm finde ich mich wieder. Wir sind uns ähnlicher, als es auf den ersten Blick den Anschein macht. Wie oft passiert es, dass wir das Gleiche denken, das Gleiche fühlen? Wir sind seelenverwandt, daran gibt es keinen Zweifel.

Jetzt verstehen Sie mich besser. Ronny hat mein Leben verändert. Wie hilflos und klein bin ich mir früher vorgekommen. Erst war es mein Vater, der mir niemals das Gefühl gegeben hat, geliebt zu werden. Dann ist es mein Ehemann gewesen, der mir immer wieder gezeigt hat, wie wertlos ich bin. Wenn er getrunken hatte, war es besonders schlimm. Aber das möchten Sie nicht wissen.

»Nächste Haltestelle: Am Wasserturm.«

Ein ockerfarbenes Ungetüm erhebt sich vor mir und bringt Farbe in das Grau der Stadt. Ich setze mich aufrecht und wische über die beschlagene Fensterscheibe. Die Hallenser scheinen eine Vorliebe für Türme zu haben, geht es mir durch den Kopf.

Obwohl beim nächsten Halt gegenüber ein Platz frei wird, bleibt das junge Liebespaar neben mir ineinander verschlungen hocken. Ich lehne die Stirn gegen das kühle Glas. Selbst wenn ich in diesem Alter damals nicht so freizügig war, verstehe ich die beiden. Sobald ich Ronny in die Arme schließe, werde ich ihn auch nie wieder loslassen. Aufs Neue durchströmt mich eine Welle des Glücks, ich könnte schreien und Bäume ausreißen!

Stellen Sie sich vor, ich bin eine richtige Knastbraut. So etwas Aufregendes habe ich nie zuvor erlebt, nicht einmal bei meiner ersten Hochzeit. Ich gestehe, dass ich Ronny mehr liebe, als gesund für mich ist. Ich bete ihn regelrecht an. Nach ein paar Wochen haben wir uns geschrieben, was wir miteinander anstellen werden, wenn wir das erste Mal allein sind. Erwachsenendinge, über die ich nicht spreche. Ich weiß, dass alle Briefe kontrolliert werden, das habe ich verdrängt. Außerdem ist das nur menschlich, da stimmen Sie mir zu, oder? Es sollte Dinge zwischen Mann und Frau geben, die nur Mann und Frau gehören.

Langsam glaube ich, das Pärchen will vor meinen Augen ein Kind zeugen. Das geht mir dann doch zu weit. Ich stehe auf, kämpfe mich aus dem Vierersitz und wechsle, nun entgegen der Fahrtrichtung, auf einen anderen Platz. Trotzdem finde ich keine Ruhe, ich öffne meine Handtasche und krame nach dem Make-up-Spiegel, der sich zwischen Stadtplan, Portemonnaie, Taschentüchern, Lippenstift, Handy und einem kleinen Fotoalbum mit Bildern von meiner Wohnung, in die Ronny einziehen wird, versteckt hat. Das gute Stück habe ich mir zum letzten Geburtstag gegönnt. Mit *Swarovski*-Steinen, das bin ich mir wert. Ich klappe den Spiegel auf und zupfe an meinen Locken herum. Die Mühe hätte ich mir wirklich sparen können. Ronny sagt immer, dass ich in allen Lebenslagen schön bin, der alte Charmeur. Das geht runter wie Öl.

Mit einem Lächeln lasse ich die freie Hand sinken und gebe auf. Gerade als ich den Spiegel zuklappen will, blicke ich in stechende dunkle Augen. Da! Hinter mir, ganz hinten im Waggon. Das ist doch der Ferdl! Was hat der hier verloren? Ich werfe den Kopf herum und suche das Rindvieh unter den Fahrgästen. Das gibt's nicht, niemand zu sehen. Langsam fürchte ich, tatsächlich den Verstand zu verlieren.

Das sind nur die Nerven, rede ich mir ein. Trotzdem bricht mir der Schweiß aus. Mit zitternden Händen hole ich ein Taschentuch hervor und tupfe mir die Tropfen von der Oberlippe. Der Lippenstift ist ruiniert.

»Nächste Haltestelle: Äußere Hordorfer Straße.«

Ich packe alles weg und blicke mich in den folgenden Minuten bestimmt tausendmal um. Die anderen Fahrgäste gucken schon, ich wende mich beschämt ab.

Ein lang gestrecktes Gebäude schiebt sich in mein Sichtfeld. Für jemanden wie mich, die ich in einem beschaulichen Nest lebe, wo sich die Leute noch auf der Straße grüßen, eigentlich ein beeindruckendes Beispiel moderner Architektur. Wenn Sie mich fragen, ist das allerdings nur ein Klotz in der Landschaft. Na ja, das ist wohl Geschmackssache. Nach einer schier endlosen Rechtskurve taucht linker Hand eine Kleingartenanlage auf. Ich kann verstehen, dass sich der Mensch nach einem Stück Natur sehnt, nach einem Stück heiler Welt. Gut, da haben wir es in Bayern besser, da ist noch alles urwüchsig und an seinem Platz. Stechendes Heimweh überfällt mich plötzlich, erst jetzt wird mir bewusst, wie sehr ich im Süden verwurzelt bin.

Der Regen hat sich inzwischen zu einem richtigen Unwetter ausgewachsen. Der Wind peitscht die Wassermassen gegen die Scheiben und zerrt an den Waggons. Grau in grau in grau. Mir fallen immer wieder die Augen zu, der fehlende Schlaf macht sich übermächtig bemerkbar. Nur mit einem Ohr höre ich die Durchsage.

»Nächste Haltestelle: S-Bahnhof Dessauer Brücke.«

Türen öffnen sich und schließen sich wieder. Ich nehme mich zusammen und denke daran, dass ich es gleich geschafft habe. Von der Endstation Frohe Zukunft – ein passender Name, nicht wahr? – sind es nur ein paar Hundert Meter bis zum Gefängnis. Dann ist es endlich so weit. Und dann kann ich Ronny auch endlich das Geheimnis verraten, das ich seit ein paar Tagen mit mir herumtrage. Nein, wo denken Sie hin! Ich bin nicht in anderen Umständen, um Gottes willen. Wie soll das gegangen sein? Obwohl ich von anderen Frauen gelesen habe, die während der Haft schwanger geworden sind. Und das ganz ohne Liebeszimmer. Es gibt immer Mittel und Wege, da bin ich ganz praktisch veranlagt.

Überhaupt denke ich, dass ich mich stark verändert habe. Vor Ronny ist mein Leben in geordneten Bahnen verlaufen. Dass mich Ferdl grün und blau geschlagen hat, hätte nicht sein müssen, ich kann mir Schöneres vorstellen. Mit Ronny habe ich dagegen eine ganz neue Ebene erreicht. Ich erkenne deutlich, dass ich mehr und mehr in diese Rolle hineinwachse. Er ist etwas ganz Besonderes, und er hat daher etwas Besonderes verdient. Eine Frau, die ihn wirklich versteht, bis in die tiefsten und dunkelsten Winkel seiner Seele.

Wir haben am Telefon darüber gesprochen, natürlich verklausuliert. Das ist nicht für andere Ohren bestimmt. Ihnen kann ich es ja verraten, immerhin haben Sie mir bis hierhin geduldig zugehört.

»Anni«, hat er einmal zu mir gesagt, »du kannst nicht mitreden, wenn du es nicht selbst ausprobiert hast.«

Ich musste das erst sacken lassen, das ist ein großer Schritt, verstehen Sie? Ich habe meine Grenzen, sicher. Irgendwann war ich jedoch überzeugt, denn wie sonst kann ich Ronny so nahe sein wie keine andere?

Ich nenne es »mein Projekt«. Wenn Ronny draußen ist, wird es zu unserem. Bis dahin habe ich Zeit, alles richtig zu machen. Schließlich will ich nicht weggesperrt werden, sonst würde das Spiel von vorne anfangen, das würde all meine Pläne zerstören.

Meine Tochter weiß nichts von Ronny. Das ist gut so. Wir müssen uns erst ein gemeinsames Leben aufbauen. Seit ich denken kann, habe ich Rücksicht auf andere genommen, jetzt bin ich an der Reihe.

Draußen ist es schlagartig dunkel geworden, als hätte jemand das Licht ausgeschaltet.

»Hallo, Anni«, sagt eine Stimme hinter mir, die das Blut in meinen Adern in Eiskristalle verwandelt. »Ich weiß Bescheid über dich und deinen sogenannten Freund.«

Ich schlucke und drehe mich in Zeitlupe zu der Stimme um, die ich nie wieder hören wollte. Ferdl, der Deife!

»Mir hast du nie so viel Aufmerksamkeit geschenkt, du Luada.« Mein Ex-Mann setzt sich einfach neben mich, als wäre es das Normalste von der Welt.

Tausend Gedanken schießen mir durch den Kopf. Wie, Kruzefix, hat er mich gefunden? Ich öffne den Mund, will ihm widersprechen, ihm sagen, dass er sich zum Teufel scheren soll. Er hat hier nichts verloren, das ist meine Liebesgeschichte – bis ich den brennenden Schmerz in meiner Leiste bemerke.

Mein Blick wandert ungläubig nach unten, zu meiner rechten Seite. Ein Messer ragt aus dem Mantel, dem guten, teuren …

»Was …?« Ich bringe den Satz nicht zu Ende. Blut sickert mir aus dem Mund. Ich huste und sehe mich Hilfe suchend um, doch niemand schenkt uns Beachtung.

»Ich habe dir gleich gesagt, dass wir noch nicht fertig miteinander sind.« Abrupt steht Ferdl auf und lässt mich blutend zurück.

Erst jetzt tastet meine Hand zu der Wunde. Das Messer

zu entfernen, ist keine gute Idee, das habe ich als Krankenschwester gelernt. Ich huste erneut Blut und spüre, wie mein Herz rast und mit jedem Schlag mehr Blut aus meinem Körper pumpt.

»Nächste Haltestelle: Gertraudenfriedhof.«

Was geschieht nun mit der jungen Frau, die ich für Ronny gekidnappt und mit Beruhigungsmitteln vollgepumpt habe? Ich ... ich wollte doch miterleben, wie sie wieder aufwacht ... und feststellt, dass es kein Entkommen gibt für sie. Dieses Gefühl, von dem Ronny wieder und wieder gesprochen hat, dieses ... Gefühl ... der ... Macht.

»... Haltestelle: Kornblumenweg.«

Alles. Ist. Weit. Weg.

Kornblumen ... Himmel ... Sonnenschein ... Ronny, o mein geliebter Ro

Jürgen und Marita Alberts

Love and Fack ju Göhte – ein Krimi in zwei Stimmen

Bad Lauchstädt

Um das gleich klarzustellen, die Idee zu *Eine Stadt liest Goethe* stammt von mir. Von niemandem sonst. Auch wenn jemand aus dem Freundeskreis meine Agentur damit beauftragt hat. Schließlich wussten die, wem sie ein solches Projekt anvertrauen können: mir, dem größten Goethe-Fan. Das bin ich schon seit meiner Jugend.

Jetzt kommt diese Leier wieder. Ja, ja, in der Schule hat er sich bei den Lehrern eingeschleimt mit seinen Goethe-Zitaten.

Mich hat der Dichterfürst durchs ganze Leben begleitet, immer und überall, über Berge und durch Täler, und jetzt eben in Bad Lauchstädt. Ich wollte den alten Glanz des Luxus- und Modebades wieder aufpolieren.

Es begann damit, dass die Lauchstädter einen Tag lang in Kostümen aus der Goethe-Zeit herumspaziert sind. So wie damals der große Dichter mit seiner Christiane Vulpius im Kurpark von Bad Lauchstädt lustwandelte. Das gab wunderbare Fotos, die weltweit verbreitet wurden. Eine originelle Aktion zum 215. Geburtstag des Goethe-Theaters.

Geht's nicht eine Nummer kleiner, du Angeber?

Ziel war das Guinnessbuch der Rekorde, da muss man schon klotzen. Das Event *100 Bad Lauchstädter lesen Goethe*, bei dem jeder im Theater einen kurzen Goethe-Text seiner Wahl vortragen konnte, war sensationell.

Und du wolltest natürlich auch was vortragen, wie du es ja schon immer gemacht hast. Kaum tauchst du irgendwo bei einer Feier auf, gehen die Gäste in Deckung. Da ist er wieder, der Goethe-Fex mit seinen Sprüchen.

> Ohne Wein kann's uns auf Erden
> Nimmer wie dreihundert werden
> Ohne Wein und ohne Weiber
> Hol der Teufel unsere Leiber.

Und speziell für dich:

> Ich wünsche mir eine hübsche Frau,
> Die nicht alles nähme gar zu genau.
> Doch aber zugleich am besten befände,
> Wie ich mich selbst am besten befände.

Das hättest du wohl gerne. Kannst du nicht ein einziges Mal damit aufhören ...
Aber wenn es doch Goethes Worte sind.
Aus deinem Mund werden alle Worte banal. Hast du nicht schon oft bewiesen, dass du ein Publikum vergraulen kannst? Ich sage nur Bäder-Tournee. Deine tolle Idee, die mich um ein Engagement in Rostock gebracht hat. ›Jeden Abend volle Säle, die warten nur auf uns‹, hast du posaunt. Und wie sah es aus? Ganze fünf Figuren saßen da, niemand wollte Goethe hören und schon gar nicht von dir vorgetragen. Gage: Null Komma null. Auf Langeoog bist du von der Bühne gepfiffen worden. Hast du das schon vergessen? Wahrscheinlich alles verdrängt.
Wer redet denn von gestern? Das Heute zählt. Wir haben hier einen Start hingelegt, der sich sehen lassen kann. Der Eintrag ins Guinnessbuch steht kurz bevor. Waaahnsinn. Die ganze Stadt im Goethe-Taumel.
Du bist ein Blender und nicht nur der schlechteste Vorleser nördlich der Donau.

Da antworte ich mit den Worten des Meisters:

Abwege
Künstler, wird's im Innern steif,
Das ist nicht erfreulich,
Auch der vagen Züge Schweif,
Ist uns ganz abscheulich.
Kommst du aber auf die Spur,
Dass du's nicht getroffen,
Zu der wahren Kunstnatur
Steht der Pfad schon offen.

Wenn ich gewusst hätte, dass du deine Hände im Spiel hast, wäre ich gewiss nicht gekommen.

Du hast die Rolle der Lotte überhaupt nur mir zu verdanken.

Ach ja?

Ich habe dafür gesorgt, dass die Uraufführung des *Ur-Werthers* hier in Bad Lauchstädt im Rahmen meines Festivals das Licht der Theaterwelt erblickt. Sozusagen als Höhe- und Endpunkt der Aktion *Eine Stadt liest Goethe*. Dass es dann ganz anders gekommen ist …

›Kasse machen mit Goethe-Programmen‹, das waren deine Worte. Wie oft hast du damit geprahlt? Und die Ostseebäder wolltest du auch noch bespielen. Aber die Tourismusmanager hatten die schlechten Kritiken gelesen und die Termine kurzfristig abgesagt. Engagement weg. Damit war ich in Rostock durch.

Dafür habe ich dir jetzt eine neue Chance besorgt.

Weil du mich einfangen willst, mit derselben üblen Masche.

Das siehst du zu negativ. Ich wollte die Aktion von damals gutmachen. Mir ist schon klar, dass nicht alles optimal gelaufen ist. Aber dieses Ende jetzt, das habe ich nicht verdient.

Wenn es einer verdient hat, dann du. Angeber, Anschleimer, Arschloch.

Darf ich noch mal was rezitieren?
Darfst du nicht.
Mach ich trotzdem.

>Erster Verlust
>Ach, wer bringt die schönen Tage,
>Jene Tage der ersten Liebe,
>Ach, wer bringt nur eine Stunde
>Jener holden Zeit zurück!
>Einsam nähr ich meine Wunde
>Und mit stets erneuter Klage
>Traur ich ums verlorne Glück.
>Ach, wer bringt die schönen Tage
>Jene holde Zeit zurück!

Für wen zitierst du das?
Für dich. Immerhin waren wir mal ein Paar.
Du spinnst wohl! Nur weil ich so naiv war, mit dir die Bäder-Tournee zu machen? War halt eine naive Elevin an der Hochschule für Schauspielkunst Ernst Busch. Und auf die hattest du es abgesehen und hast mich ständig verfolgt. Ich kann mich noch gut an deine gelben, gierigen Blicke erinnern. Wie eine Klette warst du. Übergriffig, über jede Grenze hinaus. Dauerte eine ganze Weile, bis ich dich abgeschüttelt hatte.
Irgendwie kommst du mir gestrig vor.
Dabei bist du doch bereits von gestern, oder?
Wie man es nimmt.
Ich sehe es so, wie es ist. Du wolltest mal wieder zu viel.
Ein Mann braucht große Ziele.
Jetzt nur kein Gedicht, nicht schon wieder einen Text zugrunde lesen. Du musstest die Aktion Eine Stadt liest Goethe *ja unbedingt ins Netz stellen ...*
Unter dem genialen Hashtag #LoveAndFackJuGöhte. Jeder

liest Goethe, *nationwide*. Da kamen die Likes im Sekundentakt, wie ein Sternenregen. Bad Lauchstädt bereit zum Flashmob.

Du hättest doch voraussehen können, was dann geschah. Ganze Schulklassen machten sich auf den Weg, Bad Lauchstädt war plötzlich so überlaufen wie Barcelona und Venedig zusammen. Goethe-Verse kannte keiner von denen. An jeder Ecke wurden Selfies gemacht. Am Quell-Pavillon bildeten sich Schlangen, der Kursaal wurde gestürmt und einige Idioten sprangen nackig in den Teich des Kurparks.

Diese überwältigende Reaktion konnte keiner ahnen. Schade, das war so eine brillante Idee von mir.

Jetzt wär mal ein Zitat fällig:

> *Ach, er läuft und bringt behende!*
> *Wärst du doch der alte Besen!*
> *Immer neue Güsse*
> *bringt er schnell herein,*
> *Ach! und hundert Flüsse*
> *stürzen auf mich ein.*
>
> *O du Ausgeburt der Hölle!*
> *Soll das ganze Haus ersaufen?*
> *Seh ich über jede Schwelle*
> *doch schon Wasserströme laufen.*
> *Ein verruchter Besen,*
> *der nicht hören will!*
> *Stock, der du gewesen,*
> *steh doch wieder still!*

Wunderbar. Mach weiter, ich höre deine Stimme so gerne.

Der Massenauflauf hätte beinahe alles zu Fall gebracht. Und als dann noch dieser Schauspieler in Bad Lauchstädt eintraf, gab es einen Riesentumult. Den hast du angebaggert. Gib es zu.

Ich kannte den Mann doch gar nicht.

Den kennt jeder. Alle Mädchen unter siebzehn sind in ihn verliebt oder wollen ein Kind von ihm. Was hast du dem gezahlt, damit er aufkreuzt? Wahrscheinlich hast du die Stadtkasse dafür geplündert.

Es muss auch was für die breite Masse geben. Nicht nur euren *Ur-Werther* – das ist was für die gebildeten Kreise. Aber die vielen Fans, die bringen Quote.

Der Ur-Werther ist in den Schatten gestellt worden. Die Fernsehteams und die Medienmeute haben sich auf die Fack-ju-Göhte-*Nummer gestürzt. Ganz so, wie du das wolltest. Einfach an einen Promi dranhängen und ein bisschen Hokuspokus mit Liebe und Sex, schon knallt die Quote. Da blieb für uns Schauspieler nicht mehr viel Aufmerksamkeit übrig.*

Immerhin gab es ein ausverkauftes Haus bei eurer Premiere im historischen Goethe-Theater. Was für ein würdiger Rahmen. Der Dichterfürst selbst hat den Bau des neuen Schauspielhauses damals mitfinanziert und sein Weimarer Hoftheater dort spielen lassen. Also, was will eine Schauspielerin mehr, als Teil einer solch großartigen Traditionslinie zu sein? Wenn es nicht zu dem Unfall gekommen wäre ...

Verdient, absolut verdient. Hattest du nicht gesagt, der Ur-Werther sei der End- und Höhepunkt der Goethe-Aktion? Eine geniale Idee, die Urfassung auf die Bühne zu bringen.

Mit dir in der Hauptrolle als Lotte, der hübschen, begehrenswerten jungen Frau in der Blüte ihrer Tage ... War gar nicht einfach, dich ins Spiel zu bringen.

Ich glaube dir kein Wort. Ich habe mich beim Casting durchgesetzt. So war das. Mir ging es um das neue Theaterstück. Die Idee, dass Werther nicht sich, sondern Albert, Lottes verbeamteten Ehemann, umbringt. Das war Goethes Ursprungsidee. Diese geniale Wendung des altbekannten Stoffes zu präsentieren, dazu hätte es jedes Scheinwerferlicht gebraucht. Stattdessen fristet das Stück im Schatten deines blödsinnigen Massenevents ein Mauerblümchendasein.

Jetzt willst du aber zu viel. So großartig ist die Idee nun auch wieder nicht. Schließlich hat Albert dem liebestollen Werther selbst die Pistolen gegeben.

Albert hat dem jungen Werther bestimmt nicht die Pistolen gegeben, damit er sich umbringt. Ergo …

Aber deswegen hättest du mich doch nicht …

Seit drei Tagen verfolgst du mich. Ich kann kaum konzentriert mit den Kollegen proben. Die haben mich gefragt, ob ich der Rolle überhaupt gewachsen bin. Nacht für Nacht stehst du vor meiner Tür und winselst, ich solle dich reinlassen.

Darf ich noch mal den Dichterfürst zitieren?

Ein letztes Mal, dann …

Alle Menschen groß und klein
Spinnen sich ein Gewebe fein
Wo sie mit ihrer Scheren Spitzen
Gar zierlich in der Mitte sitzen.
Wenn nun darein ein Besen fährt,
Sagen Sie, es sei unerhört
Man habe den größten Palast zerstört.

Deinen Palast zu zerstören, hat mir großen Spaß bereitet, auch wenn ich nicht wissen konnte, wie hart du aufschlägst und welche Folgen es hat. Aber du musstest ja unbedingt vor der Premiere noch den dicken Max machen und dich mit Eigenlob übergießen. Widerlich, schmierig, völlig unpassend. Das Publikum saß vereist da und als du dann dieses Gedicht aufsagtest …

Ach, es war gar nicht meine kurze Vorrede im Theater, sondern das Gedicht …

Halt endlich mal die Klappe! Du liegst hier in der Leichenhalle und hast keinen Text mehr. Verstanden?

Aber ...

Nichts aber. Das Ende erzähle ich. Schluss jetzt, sonst schließe ich einfach den Deckel.

...

Der Vorhang sollte gerade hochgehen, da springt dieser Kerl auf die Bühne, fordert das Publikum auf, ihn zu beklatschen. Er ruft: ›Bad Lauchstädt steht ab nächste Woche offiziell im Guinnesbuch der Rekorde. Das sollte Ihnen einen Beifall wert sein, meine Damen und Herren.‹ Der Applaus fällt eher mager aus. Wahrscheinlich auch deswegen, weil sich der Kerl schon einige Feinde gemacht hat, mit seinem Auftreten wie ein russischer Großgrundbesitzer. Mit keinem Wort hat er uns gewarnt, dass er sich vor dem Vorhang in Pose setzen will. Und dieser peinliche Auftritt nahm kein Ende. Eine dicke Schippe Eigenlob, bloße Lobhudelei – minutenlang. Wir standen hinter dem Vorhang, sahen einander an, waren perplex. »So eine Frechheit!«, zischte mir Ludwig zu, der den Albert geben würde. Plötzlich beginnt der Angeber, ein Goethe-Gedicht zu zitieren.

Darf ich das ...

Du hast Sendepause, für immer und ewig.

> *Und was bleibt denn an dem Leben*
> *Wenn es alles ging zu Funken,*
> *Wenn die Ehre mit dem Streben*
> *Alles ist im Quark versunken.*
> *Und doch kann dich nichts vernichten,*
> *Wenn, Vergänglichem zum Trotze,*
> *Willst dein Sehnen ewig richten*
> *Erst zur Flasche dann zur****

In dem Moment hab ich den Hebel heruntergezogen, die Klappe ging auf und der Kerl fiel in die Tiefe. Sein Schrei, was für ein gewaltiger Schrei. Die Zuschauer waren entsetzt. Dann aber auch wieder amüsiert, weil sie es für einen gelungenen Theatereffekt hielten. Es war ein adäquates Mittel, um so einen zum Schweigen zu bringen.

Ich konnte doch nicht wissen, dass unter der Bühnenklappe gar kein Auffangpolster, wie sonst üblich, lag, sondern der bloße Steinboden. Sein Fünfmetersturz hatte finale Qualitäten.

Fack ju Göhte! Basta!

Peter Godazgar

Zu schlau für diese Welt

Kunstmuseum Moritzburg

Am 5. Mai 2018 erschien ein sehr wütender Mann auf dem Polizeirevier Halle und erklärte, er sei der Unbekannte, der seit mehreren Wochen die Stiftung Moritzburg erpresse. Genauer: Er sei derjenige, der sie zu erpressen *versuche.* »Aber ihr seid ja alle zu blöde.«

»Na, na«, sagte der Polizeibeamte. »Immer schön sachte.«

»Hören Sie bloß auf!«, ranzte der Unbekannte. »Wissen Sie, wie viel Vorbereitungszeit mich die Sache gekostet hat?«

Da dem Polizisten nichts über eine Erpressung bekannt war, nahm er die Personalien des Mannes auf und rief einen Kriminalbeamten zu Hilfe. Der hatte zwar ebenfalls nichts über eine Erpressung gehört, geleitete den Mann aber trotzdem in einen Verhörraum.

»Sie behaupten also, Sie hätten die Moritzburg erpresst?«, begann der Kriminalkommissar und klang eher gelangweilt. Er dachte: Wieder mal so ein Irrer, der sich mit irgendwelchen Untaten brüstet. Immerhin: Die Erpressung des Landeskunstmuseums – einst Lieblingsresidenz des legendären Kardinals Albrecht von Brandenburg, dem wichtigsten Gegenspieler jenes noch viel legendäreren Mönchs namens Martin Luther – klang zumindest einigermaßen originell.

»Versucht! Ich habe es *versucht!*«

»Und wieso weiß ich nichts von einer Erpressung? Oder von einem Erpressungsversuch?«

»Ich soll Ihnen jetzt nicht allen Ernstes Ihre Unwissenheit erklären, oder?«

Der Kommissar brummte etwas Unverständliches, dann entschuldigte er sich und verließ den Raum.

Gerhard Schröpke ließ den Kopf auf die Tischplatte sinken. Das durfte doch alles nicht wahr sein!

»Immer dömmer!«, murmelte er und musste tatsächlich kichern, auch wenn ihm gar nicht danach zumute war. »Sie werden alle immer dömmer.«

Als er noch Lehrer war, hatte er diesen Befund seinen Schülern oft und gern an den Kopf geworfen. Seinen ... Schölern. Natürlich konnte kein einziger den Bezug zum legendären Prof. Crey aus der Feuerzangenbowle herstellen.

Schröpke litt an der Welt und an den Menschen. Darum hatten sich erst die anderen von ihm und dann er sich mehr und mehr von den anderen zurückgezogen. Zurück in seine eigene Welt. Und die bestand vor allem aus Rätseln.

Sein ganz spezielles Steckenpferd war die Verschlüsselung. Chiffrierung, Geheimtexte, Codierung und Decodierung. Schröpke liebte die Kryptoanalytik oder banaler: Er liebte es, Codes zu knacken.

Tatsächlich war er längst ein Meister auf dem Gebiet. Die Kreuzworträtsel im *Zeit-Magazin* und im Magazin der *Süddeutschen* löste er an schlechten Tagen in unter sieben Minuten. Bei keiner Lektüre hatte er so oft gegähnt wie bei den Dan-Brown-Büchern, weil er im Gegensatz zu diesem leicht begriffsstutzigen Herrn Langdon immer sofort wusste, wie der Hase lief.

Wenn man ihn fragen würde, wo und in welcher Zeit er am liebsten gelebt hätte, dann würde er ohne Zögern sagen: im Zweiten Weltkrieg in Bletchley Park. Dort, wo Alan Turing mit anderen Wissenschaftlern die Enigma- und die Fish-Verschlüsselungen der Nazis geknackt hatte.

Die Tür öffnete sich und der Kommissar betrat den Verhörraum mit nachdenklicher Miene. »Es hat tatsächlich einen … Erpressungsversuch gegeben.«

»Nein!«, rief Schröpke mit ätzendem Sarkasmus.

Der Museumsdirektor hatte dem Kommissar berichtet, den Brief vor ein paar Wochen in der Post gefunden zu haben. Er habe ihn aber aufgrund seines abstrusen Inhalts nicht ernst genommen. Ein Unbekannter wollte an mehreren Stellen der Moritzburg Hinweise versteckt haben. Ganz am Ende warte eine Überraschung. »Eine Art Schnitzeljagd«, hatte der Direktor gesagt und hinzugefügt: »Für so was habe ich, ehrlich gesagt, keine Zeit.«

Schröpke warf die Hände in die Luft. »Wollen Sie mir sagen, er hat schon gleich den allerersten Hinweis nicht verstanden?«

Der Kommissar las den letzten Satz des Briefes vor, den ihm der Direktor diktiert hatte: »*Neun Muskeln sind nötig für diese Kraftübung. Am Bild finden Sie den nächsten Hinweis.*«

Schröpke nickte.

»Und?«

»Neun Muskeln!«, rief Schröpke.

»Was denn für eine Kraftübung? Liegestütz?«

»Quatsch! Für einen Liegestütz brauchen sie drei Muskeln. Der Rest hilft nur bei der Stabilisierung. Ich schrieb aber von neun Muskeln!«

»Na und? Verraten Sie mir nun, um welche Übung es geht?«

»Um den Klimmzug!«

Eine Pause entstand. »Aha«, sagte der Kommissar. »Und? Hängt in der Moritzburg ein Bild, auf dem jemand einen Klimmzug macht?«

Schröpke ließ seinen Kopf auf die Tischplatte sinken und simulierte ein Schluchzen. »So doof«, murmelte er. »Sie sind alle so doof.«

»Jetzt werden Sie mal nicht unverschämt«, sagte der Kommissar. »Außerdem interessiere ich mich nicht so sehr für Kunst.«

»Kliiiiimt!«, rief Schröpke.

»Klimt?«

»Klimt! Gustav Klimt.«

Der Kommissar starrte Schröpke ein paar Sekunden an. »Aha«, sagte er dann und stand auf. »Sie bleiben hier.«

Schröpke legte sein Gesicht auf den Tisch. Seine Leidenschaft war mit den Jahren immer stärker geworden. Das hatte dazu geführt, dass sich zunächst seine Frau von ihm trennte, weil er irgendwann dazu übergegangen war, auch Einkaufslisten oder alltäglichste Sätze wie »Reichst du mir bitte mal die Butter, Schatz?« zu verschlüsseln. Irgendwann war er auch als Lehrer nicht mehr tragbar: In Klausuren bekamen glatte einhundert Prozent seiner Schüler eine Sechs, zugleich war Schröpke nicht bereit, seine Ansprüche herunterzuschrauben. Man baute ihm eine goldene Brücke in Form einer Frühpensionierung – und seitdem widmete er sich gänzlich seiner Passion.

Zehn Minuten später saß der Kommissar wieder im Verhörraum. »Man hat einen Zettel hinter dem Klimt-Gemälde gefunden«, murmelte er.

»Nein!«, rief Schröpke.

»*Nachwuchsdetektiv trifft fast auf Markenküche*«, steht darauf.

»Ich weiß.«

Der Kommissar wiederholte das Rätsel gedehnt.

Schröpke trommelte mit den Fingern auf den Tisch.

»Jetzt hören Sie mal mit der Trommelei auf«, raunzte der Kommissar. »Da kann ich mich ja gar nicht konzentrieren.«

Ein Brummen ertönte. Der Beamte fingerte sein Handy aus der Jackentasche.

Am anderen Ende meldete sich der Museumsdirektor. Der Kommissar lauschte, stöhnte dann und legte auf.

»Ich hab's«, sagte er.

»Was haben Sie?«

»Ihr Rätsel. Ich hab's raus.«

Schröpke lachte. »*Sie* haben's raus? Doch wohl eher der Museumsdirektor.«

»Nolde«, sagte der Kommissar. »Emil Nolde.«

»Hurra!«, rief Schröpke ironisch. »Und wieso?«

»Ähm ... Emil verstehe ich ja noch. Aber was hat das mit der Markenküche zu tun? Emil Bauknecht wäre ja wohl sinnvoller.«

»Trifft *fast* auf Markenküche. Ich habe ›fast‹ geschrieben.«

»Es gibt eine Küche, die Nolde heißt?«

»Nol! Te! Nolte. Nolte-Küchen.«

»Kenn ich nicht.« Der Kommissar brummte. »Bisschen an den Haaren herbeigezogen ist das aber schon, oder?«

»Jetzt werden Sie mal nicht frech«, rief Schröpke. »Sie schaffen es ja offenbar nicht, die Lösung zu finden.«

Der Kommissar fixierte Schröpke mit genervtem Blick, dann verschwand er erneut.

Schröpke seufzte. Wo war er hier bloß gelandet? Andererseits: Was hatte er erwartet? Beim BKA hatten sie ihn schließlich auch abgelehnt. Beim BND hatte er nicht einmal einen Termin bekommen, als er sich als Verschlüsselungsexperte beworben hatte. Und bei der NSA hatte man es nicht mal für nötig erachtet, ihm eine Antwort auf sein – selbstverständlich raffiniert verschlüsseltes – Bewerbungsschreiben zu schicken.

Der Kommissar betrat wieder den Raum, in der Hand einen neuen Zettel.

Er las vor: »*Dem männlichen Schwein fehlt hinten die geschlossene Hand, die nach links zeigt, während der Zeigefinger nach links gestreckt ist und der Daumen auf dem Zeigefinger liegt und nach oben zeigt.*«

Der Kommissar starrte auf den Zettel. »Was? Schwein? Hand? Zeigefinger?«

»Also, einfacher geht's doch nun wirklich nicht mehr. Männliches Schwein?«

»Eber«, brummte der Kommissar. »Ebert? Albert Ebert?«

»Jaaa!«, rief Schröpke begeistert.

Der Kommissar lächelte stolz. Den Ebert kannte er. Und seine Bilder auch. Die Moritzburg hatte ihm mit dem Turmkabinett einen eigenen Raum gewidmet. Verrückte Geschichte: Ebert hatte in Halle als Heizer in der bekannten Kunsthochschule Burg Giebichenstein und als Bauarbeiter geschuftet, bevor er sich, gefördert von Freunden und Gönnern, der Malerei widmen konnte.

»Toll gemacht«, sagte Schröpke motivierend. »Das hast du ganz ... das haben Sie ganz toll gemacht. Prima.«

Das Lächeln des Kommissars verschwand. »Und was soll das mit der Hand und dem Zeigefinger?«

Schröpkes gute Laune war mit einem Schlag verflogen. »Das fehlende T! Geschlossene Hand, die nach links zeigt, während der Zeigefinger nach links gestreckt ist und der Daumen auf dem Zeigefinger liegt und nach oben zeigt – das ist der Buchstabe T im Fingeralphabet für Gehörlose!«

»Wer soll denn darauf kommen?«

Schröpke schüttelte den Kopf.

Der Kommissar ebenfalls. »Also, ich mache ja auch ganz gern mal eine Scharade. Aber Ihr Zeug ist völlig an den Haaren herbeigezogen. Eine Scharade muss doch irgendwie sinnvoll sein. Oder originell. Wie zum Beispiel der Zusammenleger von Südfrüchten.«

»Zitronenfalter«, sagte Schröpke prompt und gelangweilt.

»Stimmt. Transpirationsmaschine?«

»Schweißgerät.«

»Hm ... Extremitätenerheller.«

Schröpke zögerte, aber nur eine Sekunde. »Armleuchter.«

Der Kommissar verließ den Raum.

›An den Haaren herbeigezogen‹, hatte der Kommissar gesagt. Eine Frechheit! Das waren 1-a-Worträtsel. Aber seinen großen Plan konnte Schröpke vergessen. Wenn hier nicht mal die Worträtsel funktionierten, dann musste er sich nicht wundern, warum sich aus den anderen Museen niemand meldete.

Dabei hatte es sein großer Durchbruch werden sollen, nach dem niemand mehr an seinen Fähigkeiten als Kryptologe zweifeln konnte. Bei der NSA würden sie sich in den Hintern beißen, weil sie damals nicht zugegriffen hatten. Nun wäre es zu spät. Nun würde er in der Industrie Millionen verdienen.

Die Tür öffnete sich und der Kommissar trat ein. Ihm folgte ein zweiter Mann, der als Direktor der Stiftung Moritzburg vorgestellt wurde. Die beiden setzten sich.

»Ich habe den Direktor mal hergebeten«, erklärte der Kommissar. »Vielleicht geht es dann schneller.« Er hielt Schröpke einen Zettel entgegen und zitierte: »*Wand'rer, kommst du nach Brachwitz, so entdeckst du Fratzenbuch-Content der Extraklasse.*« Er blickte auf. »Hä?«

Schröpke hob die Hände.

»Brachwitz? Das Kaff im Saalekreis?«

»Ja.«

»Und was meinen Sie mit ›Fratzenbuch-Content‹?«

Schröpke verdrehte die Augen. »Das liegt doch wohl auf der Hand.«

Der Kommissar starrte auf den Zettel. »Keine Ahnung. ›Fratzenbuch‹? Was soll das heißen? Mann, jetzt spucken Sie's schon aus! Ich hab nicht ewig Zeit.«

»Facebook!«

»Ich bin nicht bei Facebook.«

»Ich auch nicht«, brummte der Direktor.

»Aber Sie müssen doch wissen, was es bei Facebook zuhauf gibt!«

»Nackte?«, fragte der Kommissar.

»Nein! Wenn es dort eins *nicht* gibt, dann sind es Nackte!«

»Sondern?«

»Katzen«, sagte der Direktor.

»Ja!«, rief Schröpke.

»Aha. Und was hat das mit Brachwitz zu tun?«, fragte der Kommissar.

»Wo laufen Sie denn lang, wenn Sie nach Brachwitz wollen?«

Der Kommissar überlegte. »Heide-Nord, Lettin, dann bis zur Fähre und über die Saale.«

»Nein! Andere Seite!«

»Hä?«

»Andere Saaleseite!«

»Jetzt sagen Sie schon!«

»Nein, da kommen Sie selbst drauf. Strengen Sie sich gefälligst ein bisschen an.«

Im selben Moment sank der Kopf des Museumsdirektors auf den Tisch.

»Ich glaube, er hat es rausgekriegt«, sagte Schröpke.

»Ja«, stöhnte der Direktor.

»Und?«

»Franzigmark«, stöhnte der Direktor.

»Franzigmark?«, fragte der Kommissar.

»Franzigmark!«, rief Schröpke.

»Na und?«, fragte der Kommissar.

»Franz Marc«, stöhnte der Direktor.

Der Kommissar starrte den Erpresser an. »Oh, ich bitte Sie! Das ist nicht Ihr Ernst!« Und an den Direktor gewandt: »Haben Sie ein Bild von Franz Marc in der Moritzburg?«

Der Direktor warf dem Kommissar einen vernichtenden Blick zu. »*Die weiße Katze.*«

»Ach ja, stimmt«, murmelte der Beamte, ohne zu wissen, um welches Bild es sich handelte.

Der Museumsdirektor schob seinen Stuhl ruckartig zurück und erhob sich. »Also, das ist mir eindeutig zu blöd hier. Ich habe wirklich Wichtigeres zu tun.«

Schröpke und der Kommissar schauten dem Direktor hinterher. Nachdem dieser die Tür zugeknallt hatte, beugte sich der Beamte über den Tisch. Auch ihm reichte es langsam. Er sprach leise und in besänftigend-versöhnlichem Ton, etwa so, wie man mit einem renitenten Kind spricht, das eine Axt in den Händen hält und sich anschickt, sie gegen Papas Computer zu donnern.

»Wie viele Runden gibt es denn noch in Ihrem Spiel?«

»Eine.«

»Aha. Prima. Hören Sie, ich muss zugeben, ich bin echt beeindruckt. Das haben Sie alles unheimlich toll ausgetüftelt, also, ich meine, mit Ihren Fähigkeiten müssten Sie eigentlich für einen Geheimdienst arbeiten. Aber ich glaube, das Problem ist: Sie sind zu schlau für diese Welt. Ich habe eine Idee: Was halten Sie davon, wenn Sie Ihre Fähigkeiten anderweitig einsetzen?«

Schröpke schaute misstrauisch. »Anderweitig?«

»Na ja, es ist ja kein Schaden entstanden. Es besteht also kein Grund für mich, Sie zu verhaften. Aber ich glaube, dass Sie mit Ihren Fähigkeiten anderen viel Freude bereiten können.«

»Freude?«

»Ja! Klar! Haben Sie zum Beispiel schon mal daran gedacht, Ihr Talent zu professionalisieren? Oder Sie könnten sich ehrenamtlich betätigen. Was halten Sie zum Beispiel von Scharade-Nachmittagen in Altenheimen? Ich bin sicher, Sie würden vielen Menschen eine Freude bereiten.«

Schröpke runzelte die Stirn.

Der Kommissar erhob sich und öffnete die Tür des Verhörzimmers. Er machte eine Geste, um Schröpke aus dem Raum zu komplimentieren.

Der Kommissar sah Schröpke hinterher. Was für ein Vogel!

Den Fall hatte er doch sehr elegant gelöst, dachte er auf dem Weg in sein Büro. Schröder würde stolz auf ihn sein.

Er saß seit einer Viertelstunde wieder an seinem Schreibtisch und klickte sich durch die Homepage der Moritzburg. Da könnte er eigentlich auch mal wieder hin

Das Telefon auf seinem Schreibtisch klingelte. Der Kommissar nahm ab.

Der Direktor war am anderen Ende der Leitung. »Ist der Spinner noch bei Ihnen?«, fragte er atemlos.

»Nee, den habe ich wieder weggeschickt.«

»Verdammt!«

»Was ist denn?«

»Eine Grafik ist verschwunden!«

Zu diesem Zeitpunkt saß Schröpke in der Straßenbahn. Er war stinksauer, mehr noch: Er spürte loderndes Hass in sich. Scharaden für Bewohner von Altenheimen! Was für ein Ignorant!

Aber er würde es ihnen allen zeigen. Gleich wenn er zu

Hause wäre, würde er die gestohlene Grafik bei eBay reinstellen. Oder verbrennen.

Und dann würde er richtig ernst machen. Der Erste, der es zu spüren bekommen würde, wäre sein bescheuerter Nachbar. Der machte sich bei jeder Gelegenheit über Schröpkes Passion lustig.

Schröpke musste lächeln. Er wusste auch schon, was er tun würde. Ha! Die würden sich schön wundern, wenn ein Mann zwischen den Hausmannstürmen der Marktkirche baumelte. Und das wäre nur der erste Hinweis für sein neuestes Rätsel! Am meisten würde sich der dämliche Kommissar wundern. Wie du mir ..., dachte Schröpke. Wenn er fertig war, würde es kein Licht mehr geben.

Die Bahn schaukelte durch die Große Ulrichstraße. Aus den Lautsprechern erklang die Ansage der nächsten Station: *Moritzburgring. Leopoldina, Kunstmuseum Moritzburg und Campus der Martin-Luther-Universität.* Schröpke lächelte. Ja, über allem würde nur noch kalter Rauch hängen. Man würde Romane über ihn schreiben.

Thomas Kastura

Die Höllenhunde von Halle

Landesmuseum für Vorgeschichte

Das Transistorradio lief. *True* von Spandau Ballet. Ein Song zum Mitsummen, Mitwippen. Perfekt, um gechillt in den Tag zu starten.

»Wegen *dem* Ding haben wir uns ein Bein ausgerissen?«, wunderte sich Kuno Knack. »Echt jetzt?«

»Wegen *des* Dinges. Genitiv.« Der Professor drehte genervt die Augen zur Decke.

»Häh?«

»Klugscheißer«, sagte Röhrl mit bayerischem Zungenschlag.

»Einer muss hier ja die Denkarbeit machen. Deswegen nennt ihr mich ›Professor‹.«

»Und warum muss ich ›Kuno Kack‹ heißen? Klingt voll scheiße.«

»Kuno Knack«, korrigierte der Professor, »nicht Kack. Das ist einer der Panzerknacker aus den *DuckTales,* der kräftigste. Und er hat eine Zahnlücke, genau wie du. Wie oft soll ich das noch erklären?«

»Ich will aber lieber ... Klitschko sein!«

»Die Decknamen werden nicht mehr geändert.«

»Hört auf, euch zu streiten.« Sirène, die Wert darauf legte, dass ihr Alias französisch ausgesprochen wurde, goss sich einen Kaffee ein. »Das ist ja wie im Kindergarten.« Als einzige Frau im Bunde hatte sie die dauernden Kabbeleien der Männer langsam satt.

Es war kurz nach fünf Uhr früh, der Morgen graute. Sie befanden sich in einer abgelegenen Laube, die zu einer Kleingartenanlage des halleschen Stadtteils Kröllwitz gehörte. Der Professor bezeichnete den Unterschlupf als ›Safe House‹. Hierher hatten sich die vier nach ihrem spektakulären Coup zurückgezogen, um die nächsten Schritte zu beratschlagen.

Die Bande bestand aus einem Fluchtwagenfahrer (Röhrl), einer Spezialistin für Alarmanlagen (Sirène), einem Mann fürs Grobe (Kuno Knack) und dem Kopf des Unternehmens, der im richtigen Leben alles andere als ein Professor war. Vor dem Ex-MAD-Agenten war kein Ort auf dem Planeten sicher. Für jedes Museum, jede Bank, sogar für den Geldspeicher von Onkel Dagobert tüftelte er bei Bedarf eine maßgeschneiderte Rein-raus-Strategie aus. Er war Waffenexperte, Elitekämpfer und Meisterdieb in einer Person. Gegen ihn wirkte Ethan Hunt aus *Mission: Impossible* wie ein Typ, der den kleinen Jungs die Pausenbrote klaut.

Auf einem Tisch mit Resopalplatte lag ein Alukoffer. Der Professor öffnete ihn. Das Schaumstoff-Inlay besaß eine Aussparung für einen einzigen Gegenstand: ihre Beute.

Alle Augen richteten sich auf eine kreisförmige Bronzeplatte mit Goldapplikationen, überzogen von einer grünlichen Korrosionsschicht aus Malachit. Durchmesser etwa 32 Zentimeter, in der Mitte 4,5 Millimeter stark, am Rand nur 1,7 Millimeter, Gewicht rund 2,3 Kilogramm.

»Seht und staunt«, sagte der Professor andächtig. »Die Himmelsscheibe von Nebra!« Mit bebender Stimme legte er dar, was er sich im Internet auf die Schnelle angelesen hatte: »Ägypten hat die Pyramiden, China die Große Mauer. Und das Land Sachsen-Anhalt besitzt – nein, besaß – die weltweit älteste konkrete Darstellung astronomischer Phänomene.« Er wies auf die goldenen Einlagen. »Wir haben hier Elemente des Tag- und Nachthimmels vermischt vor einem abstrakten Sternennetz, bei dem es sich um die Plejaden handeln könnte. Sonne und Mond werden in ihrem Lauf abgebildet.

Und zwischen den Horizonten erscheint ein Schiff in nächtlicher Fahrt über den Himmelsozean, wie man es sonst nur von den alten Hochkulturen kannte. Diese Scheibe wurde vor sage und schreibe 3.600 Jahren vergraben! Sie gibt uns Einblicke in das Wissen unserer Vorfahren über den Weltenlauf und seine religiöse Deutung, die alle bisherigen Annahmen über den Haufen werfen. Wir haben es hier mit einer Art universellem Kalender zu tun. Er offenbart ein Wissen, das man den Menschen der Bronzezeit nie zugetraut hätte.«

»Kommt mir ziemlich klein vor«, meinte Röhrl.

Kuno Knack nickte. »Meine Mutti töpfert. So was kriegt die auch hin.«

»Für eine Salatschale ist das Ding zu flach.« Röhrl kicherte dämlich. »Schaut eher wie eine Salatplatte aus.«

Zum x-ten Mal bedauerte es der Professor, sich mit diesen Banausen eingelassen zu haben. Aber sogar er konnte nicht alles allein machen. Ohne ein paar nützliche Idioten war solch ein großer Coup nicht durchzuziehen. Leider hatte der einstige MAD-Mann jüngst ein paar Jobs vermasselt, sodass er gezwungen gewesen war, Amateure anzuheuern.

»Wie viel ist die Himmelsscheibe wert?«, fragte Sirène. Wenigstens sie war vom Fach. »Ich kann es immer wieder hören.«

»Vor zwölf Jahren lag die Versicherungssumme bei hundert Millionen Euro. Das ist natürlich nur ein fiktiver Betrag. Der Wert ist unschätzbar.«

»Aber nicht unbezahlbar«, ergänzte die zierliche Pariserin.

Der Professor mochte ihren Akzent. »Richtig, *chérie*. Unser Hehler hat bereits Interessenten aus Russland, den USA und dem Mittleren Osten an der Hand, alles private Sammler, die aus verständlichen Gründen anonym bleiben möchten. Ich denke, unter einer halben Milliarde wird die Himmelsscheibe kaum weggehen. Wir müssen das gute Stück nur noch in die Schweiz bringen, dann kassieren wir ab.«

»Abkassieren klingt gut«, sagte Kuno Knack und rieb sich die Hände. »Wie viel krieg ich noch mal?«

»Wir bekommen fünfzig Prozent vom endgültigen Kaufpreis.« Auch das hatte der Professor seinen Komplizen bis zum Erbrechen erläutert. Er atmete hörbar aus. »Der Anteil von Kuno Knack und Röhrl beträgt jeweils ein Achtel der Summe. Sirène erhält ein Viertel wegen ihrer überaus qualifizierten Neutralisierung der Sicherheitssysteme.« Er schenkte der Frau ein anerkennendes Lächeln. »Und mir steht die Hälfte zu.«

Kuno Knack überlegte, was ihm körperliche Schmerzen zu bereiten schien. »Ein Achtel ... Heißt das ... acht Millionen?«

»Mehr!«, sagte Röhrl. »Ich tippe auf mindestens dreißig Millionen, falls dieser Hippieteller wirklich so viel einbringt, wie der Professor glaubt.«

»Und was kriegt die Sirene?«, fragte der begriffsstutzige Hüne.

»Das Doppelte«, gab Röhrl zurück.

»Doppelt so viel wie du und ich?«

»Oder ein Viertel. Wie man's eben rechnet.«

»Wie jetzt?«

»Sirène bekommt ein Viertel der Hälfte des Kaufpreises«, hakte der Professor ein. »Das habe ich doch gerade gesagt.«

»Ach so.« Kuno Knack klang erleichtert. Dann kratzte er sich am Kopf. »Ein Viertel ist weniger als ein Achtel, oder? Schließlich ist sie ja eine Frau.«

»Du sexistischer Kretin!«, zischte Sirène. Ihre Hand wanderte zu dem Schulterholster, das sie über ihrem hautengen Combat-Anzug trug und in dem eine Neun-Millimeter-Glock steckte.

»Vorsicht, Kleine!« Röhrl hob die Linke, während seine Rechte nach dem Revolver in seinem Hosenbund tastete.

Zugleich öffnete Kuno Knack eine seiner riesigen Pranken und grinste dämlich, als er seine Rückversicherung betrachtete: eine Handgranate. Damit würde er zwar nicht nur die anderen, sondern auch sich selbst in die Luft jagen, aber so weit schien er nicht gedacht zu haben.

Derlei Meinungsverschiedenheiten hatte der Professor vorausgeahnt. Mit einer blitzschnellen Bewegung holte er eine abgesägte Schrotflinte aus seinem Mantel, spannte die Hähne und schwenkte den Doppellauf einmal im Halbkreis hin und her.

Das Schweigen der Diebe wurde von der Musik aus dem Radio untermalt. Inzwischen lief *Money for Nothing* von den Dire Straits.

»Hört auf, euch zu streiten«, sagte der Professor. »Es springt genug für uns alle heraus.« Mit vorgehaltener Waffe ging er von einem zum anderen, sammelte die Pistole, den Revolver und die Handgranate ein und legte sie auf die Küchentheke. »Eure Spielzeuge bleiben hier. Als vertrauensbildende Maßnahme.«

»Du hältst dich wohl für ganz schön clever?« Röhrl ließ die Flinte nicht aus den Augen.

»Seid doch froh! Wenn Spotty noch im Team wäre, fielen unsere Anteile deutlich geringer aus.«

»Spotty ...«, sagte Röhrl abfällig. »Auch so ein Besserwisser.«

»Planungsgenie trifft es besser.« Der Professor hielt seine drei Komplizen weiterhin in Schach. »Er hat die ganze Recherchearbeit geleistet und das Museum für unsere Zwecke ausgekundschaftet. Ohne seine Informationen wären wir nicht mal in die Nähe der Himmelsscheibe gelangt.«

»Trotzdem hast du ihn aus dem Weg geräumt.« Sirène

zündete sich mit betont langsamen Bewegungen eine *Gauloise* an.

»Er ist zu gierig geworden. Außerdem kann man einem Insider nicht trauen. Wer kennt schon seine wahren Motive? Vielleicht wurde er bei der letzten Beförderung übergangen und wollte sich einfach nur rächen? Diese Museumsleute sind ein seltsames Volk.« Der Professor nahm auf einem Küchenhocker Platz. In Wirklichkeit hatte er den Archäologen nicht aus dem Weg geräumt im Sinne von ›umgebracht‹, er war ja kein Monster. Nein, er hatte Spotty nur eins mit dem Flintenkolben übergezogen, kurz bevor sie zu ihrem Raubzug aufgebrochen waren. Das war jetzt sieben Stunden her. Seitdem lag der Mann gefesselt und geknebelt in seiner Wohnung in der Dölauer Straße. Aber das musste der Professor den anderen ja nicht auf die Nase binden.

»Was, wenn Spotty uns verraten hätte?«, fuhr er fort. »Wir spazieren rein und als Empfangskomitee wartet schon die Polizei? Dann wäre er der Held des Tages gewesen. Im Grunde war er nie einer von uns.«

»Du denkst auch an alles«, sagte Kuno Knack.

»Einer weniger, mit dem wir teilen müssen«, meinte Röhrl.

»Effizient«, hauchte Sirène. »Und skrupellos. Das gefällt mir, *mon professeur*.« Sie schenkte ihm einen Augenaufschlag, der jeden Mönch in den Wahnsinn getrieben hätte.

Ein bisschen war sie wie er, kam es dem Professor in den Sinn. Ein Präzisionsinstrument. Versorgte man sie mithilfe von Gebäudegrundrissen und Schaltplänen mit den nötigen Einzelheiten über einen Bruch, wie Spotty es getan hatte, zog sie los und machte ihren Job, ohne sich um Nebensächlichkeiten zu kümmern.

Der Professor war ähnlich vorgegangen, als er die Himmelsscheibe aus der eiförmigen Vitrine genommen hatte, unbeirrbar, ganz auf sein Ziel fokussiert. Obwohl er sich gewundert hatte, dass die Vitrine nicht mit Bewegungssensoren ausgestattet war – die er natürlich locker ausgetrickst hätte. Auch ein Lasergitter, das eine komplizierte akrobatische Annäherung erfordert hätte, war nicht installiert gewesen. Der Diebstahl war erstaunlich glattgegangen.

Er fragte sich, ob man in Sachsen-Anhalt überhaupt ermessen hatte, wie unvergleichlich dieser Schatz war. Während seines kleinen Vortrags vorhin war es ihm noch einmal klar geworden: Die Himmelsscheibe bewies, dass die Ahnen der alten Germanen vor 3.600 Jahren nicht faul auf ihren Fellen herumgelegen und Met in sich hineingeschüttet hatten. Nein, diese Brüder hatten echt was auf dem Kasten gehabt! Astronomisches Wissen, feinste Handwerkskunst, Handelsbeziehungen bis in den Orient ...

Sein Blick fiel auf die Himmelsscheibe. Und so ein wertvolles Objekt war einfach in eine Kunststoffvitrine gelegt worden und fertig? Mit ein bisschen Budenzauber außenrum, damit auch Kinder eine Ahnung davon bekamen, was sich hier in grauer Vorzeit zugetragen hatte? An seiner Stelle wäre die Scheibe wie die Kronjuwelen der Queen bewacht worden.

»Mach einer den Koffer zu!«, befahl er schließlich.

Kuno Knack, Röhrl und Sirène hatten sich nicht gerührt und keinen Mucks von sich gegeben, während er in Gedanken abgeschweift war. Ein Zeichen des Respekts? Na endlich.

Doch auch jetzt machten sie keine Anstalten, sich zu bewegen.

»Wir packen unsere Sachen zusammen und fahren los!«, probierte er es erneut.

»Nicht, solange du die Flinte auf mich richtest«, widersprach Röhrl.

»Ich möchte nur vermeiden, dass wir uns gegenseitig umlegen.«

»Verstehe. Von mir aus bleibt mein Revolver hier, ich habe die Seriennummer eh rausgefeilt. Sirène?«

»Meine Pistole ist sauber«, sagte die Französin. »Lass mich nur noch die Fingerabdrücke abwischen.« Ein verführerisches Lächeln umspielte ihre Lippen.

Mit seiner freien Hand beförderte der Professor die Waffen in eine Schublade. »Das mache ich selbst, sobald alle im Auto sitzen. Ich komme mit dem Koffer nach.«

»Okay«, erwiderte Röhrl. »Das ist ein faires Angebot. Aber die Flinte lässt du hier. Gleiches Recht für alle.«

»Wie ihr wollt.« Der Professor lenkte ein. In Wahrheit dachte er nicht daran, seinen taktischen Vorteil aufzugeben. Er schaute wieder zu der Himmelsscheibe. Das Gold glänzte verlockend. »Ihr geht zuerst nach draußen.«

»Warum so eilig?«, fragte Sirène und zog mit Nachdruck an ihrer Zigarette. »Wollen wir nicht noch ein wenig Spaß miteinander haben?« Sie blies den Rauch in seine Richtung. Im Radio wurde *You Can Leave Your Hat On* von Joe Cocker gespielt. Beim MDR waren wohl die Hits der Achtzigerjahre angesagt.

»Wenn alles vorbei ist«, gab der Professor zurück.

»Warum nicht gleich?« Sie blickte in die Runde. »Könnten wir uns nicht *alle* ein wenig entspannen vor der langen Fahrt? Ohne Waffen. Ohne – wie sagt man – Kleidung?«

Schon stand der Reißverschluss ihres Combat-Anzugs viel weiter offen, als es die Morgenfrische ratsam erscheinen ließ.

Testosterongesteuerte Kulleraugen waren das Resultat. Sogar Kuno Knack fiel die Kinnlade herunter.

Sirène säuselte mit Kleinmädchenstimme: »Nach einem gelungenen Job fühle ich mich so schrecklich einsam. Dann bin ich ... unersättlich.«

Angespannte Stille.

»Netter Versuch.« Der Professor durchschaute sie. Sirène

wollte die Männer gegeneinander ausspielen. »Aber ich finde einen Riesenhaufen Geld anziehender.«

Der Reißverschluss ging wieder zu.

Der Ex-Agent wechselte das Thema. Er nahm die Handgranate und schätzte ihr Gewicht. Irgendetwas stimmte damit nicht. Er kannte diese verdammten Dinger, normalerweise waren sie schwerer. Auch eine Pistole wog mehr, wenn sie mit einem vollen Magazin geladen war. »Ist da überhaupt eine Sprengladung drin?«

Kuno Knack reagierte beleidigt. »Die hab ich auf dem Flohmarkt gekauft!«

»Auf dem Flohmarkt?«, riefen Röhrl, Sirène und der Professor ungläubig.

»Wo denn sonst?« Der Hüne stutzte. Dann hellte sich seine Miene auf. »Aber ich hatte noch 'ne andere Idee. Die wird euch gefallen!«

»Was für eine Idee?«, fragte der Professor argwöhnisch.

»Ich habe in diesem Museum eine Nachricht hinterlassen. Einen Zettel.«

»Was für einen Zettel?«, fragte Röhrl alarmiert.

»Mit unserem Decknamen drauf!« Kuno Knack warf sich in die Brust. »Ich kann mir nämlich auch Namen ausdenken.«

»Was für ein Deckname?«, fragte Sirène entsetzt.

»›Die Höllenhunde von Halle‹«, erklärte Kuno Knack stolz. »Das habe ich auf den Zettel geschrieben. In Großbuchstaben.« Er grinste breit. »Unsere Visitenkarte. Mit dem Namen unserer Bande. Ich wollte immer schon eine Visitenkarte haben. Also habe ich einfach selbst eine gemacht. Und sie auf den Boden geklebt, als wir getürmt sind. Mit Tesafilm.«

»Sacklzement!«, stöhnte Röhrl.

»*Incroyable*«, stieß Sirène hervor.

»›Höllenhunde‹?« Der Professor konnte es nicht fassen. »Haben sie dir ins Hirn geschissen?«

Kuno Knack griff sich verdutzt an den Kopf. »Nö. Warum?«
So viel Dummheit brachte das Fass zum Überlaufen. Vieles geschah gleichzeitig.

Röhrl hechtete zu dem Alukoffer mit der Himmelsscheibe und klappte ihn im Fallen zu. Doch Sirène versetzte dem Fahrer einen heftigen Karatekick gegen die Brust, der ihn kampfunfähig zur Seite schleuderte. Sie landete auf dem Boden vor dem Tisch und schnappte sich den Koffer genau in dem Moment, als der Professor die Schrotflinte abfeuerte. Allerdings zielte er zu hoch und durchsiebte die Holzwand des Gartenhäuschens. Wenn es Not tat, war Kuno Knack schneller, als es sein phlegmatisches Naturell vermuten ließ. Eine gewaltige Faust senkte sich auf den Schädel des Professors, der mit letzter Kraft den Sicherungsstift der Handgranate zog.

Es war keine Attrappe. Anscheinend stammte die Nahkampfwaffe noch aus sowjetischen Beständen. Manchmal hatten die Russen bei Materialengpässen weniger TNT in ihre Granaten gefüllt. Auf die Sprengkraft kam es nicht so sehr an, mehr auf die Splitterwirkung.

Trotzdem flog die klapprige Laube in die Luft.

Die Höllenhunde von Halle waren Geschichte. Einigermaßen unbeschädigt blieben nur der Alukoffer und das Transistorradio. Es war sechs Uhr, die Nachrichten zur vollen Stunde begannen:

Guten Morgen, Sachsen-Anhalt, guten Morgen, liebe Hörer! Wir bitten um Aufmerksamkeit für eine Sondermeldung. In der vergangenen Nacht wurde ein unglaubliches Verbrechen verübt: Die Himmelsscheibe von Nebra wurde gestohlen! (Pause) Das klingt furchtbar, aber ... haben Sie Sinn für Humor? (Gelächter im Studio) Hoffentlich. Denn die Diebe waren dümmer, als die Polizei erlaubt.

Sie haben nicht die originale Himmelsscheibe im Landesmuseum für Vorgeschichte gestohlen. Nein, die vermutlich dämlichsten Kriminellen der Welt entwendeten eine bloße Nachbildung der Bronzeplatte, und zwar aus der Arche Nebra, einem Informations- und Erlebniszentrum am Fuße des Mittelberges. Auf dieser Erhebung wurde das Artefakt im Jahr 1999 gefunden. Die unschätzbar wertvolle Himmelsscheibe, die Teil des Welterbes der UNESCO ist, befindet sich weiterhin unter strengsten Sicherheitsvorkehrungen im Landesmuseum von Halle.

Noch im Laufe der Nacht bekam die Polizei einen Tipp von Rico G., einem Mitarbeiter des Museums. Die Diebe waren in seine Wohnung eingedrungen und hatten ihm Informationen über die Himmelsscheibe abgepresst. Daraufhin wurde er gefesselt und geknebelt. Doch nach einiger Zeit konnte sich G. befreien und den Notruf wählen. Absichtlich habe er die Diebe auf eine falsche Fährte geführt und sie zur sechzig Kilometer entfernten Arche Nebra gelotst, so seine Aussage.

Rico G., du bist unser Held des Tages!

Am Tatort sei kein größerer Schaden entstanden, nur Eingangstür und Alarmanlage seien reparaturbedürftig, ließ ein Sprecher des Landeskriminalamts verlauten. Die Replik der Himmelsscheibe müsse man aber leider als Verlust abschreiben, falls die Kriminellen nicht noch gefasst würden.

Von der Diebesbande fehlt derzeit jede Spur – fast jede Spur, liebe Hörer, denn das Beste kommt wie so oft zum Schluss. Auf dem Boden des Arche Nebra Informations- und Erlebniszentrums fanden die Ermittler einen Zettel. Darauf hinterließen die Kriminellen eine Art Visitenkarte: den Namen ihrer Bande. Sie nennen sich, und jetzt bitte ganz ernst bleiben (erneutes Gelächter): ›Die Höhlenhunde von Halle‹. Höhlenhunde! Mit einem h nach dem ö!

Wir nehmen diesen offensichtlichen Schreibfehler zum Anlass für ein kleines Quiz: Was könnten die dämlichen Diebe wirklich gemeint haben?

Nach dem nächsten Lied geben wir unsere Telefonnummer durch. Die ersten zehn Anrufer erhalten je zwei Eintrittskarten für das Landesmuseum für Vorgeschichte. Dort können Sie unsere Himmelsscheibe in gewohnter Pracht bewundern.

Und jetzt Musik! Ein Klassiker aus England ...

How Sweet to Be an Idiot von Neil Innes ertönte.

Daniel Carinsson

Die Höhle im Löwen

Martin-Luther-Universität Halle-Wittenberg

Er pirscht so schnell er kann über den Paradeplatz. Tief geduckt, blickt er sich um, späht in die Dunkelheit. Sein Atem, sein Herzschlag dröhnt ihm in den Ohren.

Er ist zu laut, sie werden ihn hören. Genau wie das Quietschen seiner durchtränkten Stiefel.

Am Ende des Platzes hält er kurz inne. Wohin jetzt? Er muss raus aus der Stadt. Nur schnell raus. Bald werden sie hier überall suchen. Zum Neumärkischen Thor, die Geiststraße nach Norden. Das ist am nächsten.

Im Schutz der Häuser beginnt er zu rennen. Nirgends Licht, alles finster. Die nassen Hosen rutschen, schlagen ihm um die Beine. Fast verliert er das Gleichgewicht. Weiter. Verdammt.

So schlau hatte er sich das alles ausgedacht. Rückseitig raus und ab ins Wasser. Im Mühlgraben würden sie ihn nicht sehen. Während sie Straßen und Häuser absuchten, rund um die Neue Residenz, wäre er ihnen einfach davongeschwommen. Nicht nur bis zur Mühlpforte, sondern gleich bis zur Jägerbrücke. An der linken Böschung hinauf und dann flugs am Ufer entlang, bis zu den ersten Äckern. Da hatte er die Beute vergraben wollen, will es immer noch. Er muss es nur dorthin schaffen.

Verdammt. Er erstarrt. Schritte. Viele. Laut. Er zuckt zurück, presst sich dicht an die Wand. Vorsichtig späht er um die Ecke, die Geiststraße hinauf. Soldaten. Im flackernden Licht dutzender Öllampen erkennt er Pickelhauben,

Gewehre. In Sechserreihen marschieren sie direkt auf ihn zu. Wie Vorschlaghämmer dreschen die Stiefel auf das Kopfsteinpflaster.

Er schultert erneut den großen Leinensack. Wenn das Zeug nur nicht so schwer wäre. Er ist ein guter Schwimmer, er hat geübt. Bis zur Jägerbrücke hätte er es geschafft. Zwei, drei Hände voll von den kleineren Steinen wären ein Leichtes gewesen. Aber wer weiß, ob er dafür was bekommen hätte? Wertvoll sahen sie nicht aus. Nein, der große musste es sein, in dem es so verführerisch schimmerte wie schwerer Wein. An ein paar Stellen ragten sogar kleine blutrote Türmchen aus der Oberfläche empor. Das musste er sein, der Schatz, von dem sein Vetter erzählt hatte. Der Brocken, der nur ein paar Tage lang in der Kammer der Professoren lagern sollte. Irgendein russischer Fürst wollte, dass die Gelehrten ihn untersuchen. Selbst schuld, wenn sie ihn so rumliegen ließen. Das Ding hatte er einfach haben müssen. Auch wenn es ihn fast ertränkt hätte. Aber lieber wäre er ersoffen, als diesen Schatz dem Fluss zu überlassen. Und bis zur Moritzburg war er ja immerhin gekommen. Da hatte er aufgeben müssen. Keine Kraft mehr in den Armen. Zu schwer der Sack. Also raus aus dem Graben. Alles wäre gut gewesen, wenn er einfach hintenrum zur Brücke hätte schleichen können. Aber das Gestrüpp war zu dicht. Es hat ihm das ganze Gesicht zerkratzt, fast war er nicht mal rückwärts wieder herausgekommen. Also musste er vorne rum, bis zum Paradeplatz. Und jetzt stehen ihm die verdammten Soldaten im Weg.

Er reißt sich zusammen, richtet sich auf. Pfeilschnell hechtet er über die Straße, weiter Richtung Caulenberg. Haben sie ihn bemerkt? Nein, oder? Er hastet weiter. Nicht stehen bleiben. Nur nicht umschauen. Doch! Stimmen. Es scheppert hinter ihm. Das sind keine Läufer. Hufschlag!

schlag! Eisern hallt's durch die Gasse. Trillerpfeifen. Wie konnten die Gendarmen ihn so schnell finden? Haben sie ihn überhaupt gesehen oder irren sie nur umher?

Es ist stockdunkel. Er schlägt einen Haken. Gasse links, Gasse rechts. Es geht aufwärts. Der Schulberg. Das muss die alte Stadtschule sein. Schon ewig geschlossen. Wenn er hineinkäme ...

Er donnert gegen die vernagelte Pforte. Nichts rührt sich. Die Trillerpfeifen. Weiter. Es muss einen Seiteneingang geben. Ziegelsteine, verdammt. Er spürt einen Schatten. Etwas Großes steht hinter ihm. Was ist da? Die Schulkirche. Na sicher. Da muss er rein. Er braucht ein Versteck. Irgendein Loch für die Beute. Das Hauptportal ist verschlossen. Natürlich. Er rennt links herum. Keine Türen. Fenster? Zu hoch. Dachrinnen? Mauervorsprünge? Gibt es ein verschlosseneres Gebäude als dieses Gotteshaus? Er ist jetzt fast einmal rum, keine Zeit mehr zu suchen.

Seine Schulter schmerzt, seine Füße brennen im nassen Leder der Stiefel. Tränen vernebeln seinen Blick, als er in die Baarfüßer-Gasse stolpert. Er beginnt, gegen Türen zu hämmern. Wahllos. Im Vorbeirennen. Würde er überhaupt merken, wenn eine sich öffnete? Jetzt nach rechts, muss die Steinstraße sein. Türe um Türe. Alles verschlossen, vernagelt, kein Eingang, kein Ausweg. Die Große Ulrichstraße jetzt links. Türe um Türe. Türe um Türe. Kein Öffnen, kein Entkommen. Keiner da. Alles ist leer. Plötzlich sind alle Eingänge weg. Verwirrt sieht er sich um. Der Sack rutscht ihm fast von der Schulter. Die Füße. Bestimmt steht er in einer Lache aus Blut. Allein.

Er hört die Trillerpfeifen. Sie klingen ferner. Kommen sie näher? Da sind die Löwen. Er und die Löwen. Mitten auf dem Marktplatz. Er stutzt. Warum sind die Löwen mitten auf dem Platz? Er blickt zum Brunnen. Bretter, eine Absperrung, Werkzeug? Liegt da Werkzeug vor dem Brunnen, vor dem gestern die Löwen noch standen? Und warum liegen die jetzt auf dem Rücken?

Ich schließe das kleine Büchlein, streiche über den ledernen Einband, erspüre die Kerben und die aufgerauten Stellen unter den Fingern. Ich erinnere mich, wie Dschidschi mir diese Geschichte erzählt hat. Die Geschichte von Rainhardt Müller, dem Juwelendieb, und dem Geheimnis der Löwen. Jedes Mal erzählte er sie, wenn ich bei ihm zu Besuch war. Und sicher drei- oder viermal in den beiden Jahren, als ich die ganzen Sommerferien bei ihm verbrachte. Was niemand verstanden hat. Was will eine Zwölfjährige, eine Dreizehnjährige den ganzen Sommer über in der verstaubten Antiquitätengalerie ihres Onkels?

Ihres Stiefonkels, um genau zu sein. Der späte Sohn des ersten Mannes meiner Oma mütterlicherseits. So spät, dass er dem Alter nach fast mein großer Bruder hätte sein können. Vielleicht war das der Grund? Vielleicht hätte ich gern einen solchen gehabt? Nicht, dass ich mit Dschidschi hätte angeben können. Der schüttere Haarkranz, der schlurfende Gang, die ewig gleiche Strickjacke. Wie oft war es vorgekommen, dass Kunden, die mich in seinem Ladenlokal sahen, fragten, ob ich denn meinem Großvater auch ordentlich zur Hand ginge? Ich erinnere mich an den Ausdruck in seinem Gesicht, den er dann hatte. Die schmalen Lippen noch dünner zusammengepresst. Der Versuch eines Lächelns. Wie sehr es ihn geschmerzt haben muss, mit gerade mal Mitte dreißig.

Ich bemerke, dass ich das Buch immer noch streichle, und halte inne. Wäre er nicht schwul gewesen und hätte er es nicht damals schon so offen gelebt, meine Mutter hätte wohl kaum erlaubt, dass ihr Töchterchen sechs Wochen im Haus eines verschrobenen Bücherwurms zweihundert Kilometer von zu Hause entfernt verbrachte. Bei einem Sonderling, in dessen Werkstatt sich kleine, nackige Engel regalweise bis unter die Decke stapelten. Kurz geht mir die Frage durch den Kopf, ob ich es meiner Tochter erlauben würde, wenn ich einmal eine hätte. Selbst wenn ich wüsste, dass dieser Onkel schwul ist. Ich beiße mir leicht auf die Lippe. Blicke auf die Narben im Ledereinband seines Tagebuches.

Er hat die Geschichte genauso aufgeschrieben, wie er sie mir immer erzählt hat. Mit derselben Hatz, mit derselben Aufgeregtheit. Als wäre er es gewesen, der im September 1868 seltene Mineralien und den ungeschliffenen Rubin eines russischen Fürsten aus der Neuen Residenz in Halle an der Saale stibitzt hätte. Ich kann seine Stimme hören, wenn ich den Eintrag lese, beinahe flüsternd erst, keuchend vor Anstrengungen, wenn er auf dem Marktplatz ankommt. Und ich sehe das Leuchten in seinen Augen hinter den zentimeterdicken Brillengläsern, wenn er jedes Mal an genau dieser Stelle endete und mir zuzwinkerte.

»Und, was glaubst du, ist dann passiert?«

»Er hat seinen Schatz im Lööööwen versteckt.« Ich kicherte vor Vergnügen und hing dem Löwen bei jedem Mal ein paar ös mehr an, bis mir die Luft ausging.

»Genau. Und dann, als die Gendarmen kamen ...«

»... hat er gesagt, dass er beim Angeln ausgerutscht und in den Mühlgraben gefallen ist. Und dass er dann ganz schnell rennen musste, weil ihm so kalt war und er ganz schnell nach Hause wollte!«

»Stimmt. Die Gendarmen haben ihn durchsucht, aber natürlich nichts gefunden. Trotzdem haben sie ihn eine Woche lang ins Gefängnis gesteckt. Weil Angeln ohne Genehmigung nämlich verboten war. Aber das hat ihm nichts ausgemacht, weil ...«

»... als er wieder rausgekommen ist, aus dem Gefängnis, ist er nachts zu den Löwen geschlichen ...«

»Wo standen die inzwischen?«

»Vor der Universität! Und da hat er den Löwen mit Hammer und einem glühenden Meißel aufgestemmt und seine Beute herausgeholt. Und danach war er niiiieeee mehr gesehen.«

»Und so kam es, dass der eine Löwe über hundert Jahre lang einen Riss im Bauch hatte. Ja, ja, armer Löwe.«

Mein Vater lachte immer und schüttelte den Kopf, wenn ich die Erzählung später zu Hause wiederholte. »Schade nur, dass der Riss eigentlich viel zu schmal war, um einen fetten Rubin aus dem Bauch des Löwen zu holen, oder?«

Als Mathematiklehrer hielt er sich an Zahlen und Fakten. Alles Fantastische war ihm fremd. Über den schrulligen entfernten Verwandten amüsierte er sich, wie die meisten in der Familie, und erduldete dessen harmlose Legenden. Die Dinge aber ins rechte, wissenschaftliche Licht zu rücken, das war mein Vater wohl dennoch seinem Stand schuldig.

Bei Onkel Dschidschi war alles vollkommen anders als zu Hause. Eigentlich hieß er ja Georg. Georg Görbert. Der Name passte so gar nicht zu ihm. Viel zu hart, zu verwegen, zu männlich. Bei seinen Freunden, ein paar bunten Vögeln, die sich bei Kerzenlicht und Rotwein abends in seiner Restaurationswerkstatt trafen, hieß er daher nur Dschidschi. Nach seinen Initialen auf Englisch. In unserer Familie war ich immer die Einzige, die ihn so nannte.

In den Sommerferien schlenderte ich gerne am Morgen schon den langen Korridor unterm Dach entlang und sah mir die Stücke in den Vitrinen an, die Dschidschi dort aufgereiht hatte. Wenn das frühe Sonnenlicht durch die großen Gaubenfenster hereinfiel, erschien es mir, als befände ich mich in einer Schatzkammer. Hier konnte ich endlos meinen

Gedanken nachhängen. Ich wusste, dass Dschidschi an die Geschichte glaubte. Wie gerne wollte ich ihm dabei helfen, sie zu beweisen. Denn ich ahnte, dass ihm die Zeit davonlief.

Behutsam schlage ich das Tagebuch wieder auf. Blättere weiter, überspringe die Jahre. Viel hat er nicht aufgeschrieben. Ab und an scheinen Einträge herausgerissen zu sein. Ich finde die Zeichnung, die hochkant über eine Doppelseite hin-weg reicht. Ein Stammbaum. *Görbert, Georg* steht ganz unten rechts. Darüber *Görbert, Karl Gustav*, sein Vater, mein Großvater. *Anna Beate*, dessen zweite Frau, darüber *Henriette Sophie*, deren Mutter, verheiratet mit einem *Heinrich, Hans Adolf*. Geschwister, Linien ins Leere, die verschränkten Ringe für Eheschließungen, Geburtsdaten und Sterbetage, immer weiter in die Breite und nach oben verlaufen die Verästelungen. Und fast ganz am oberen Rand, zur Seite hin ist kaum noch Platz, steht *Müller, Rainhardt* mit einem zweifachen Kringel drumrum. War er das wirklich? Der nächtliche Dieb? Ein direkter Vorfahr? *Geboren 2. Julei 1847, verstorben 1870 o. 1871 (gefallen)* und gleich darunter *mittellos*, unterstrichen und versehen mit zwei Ausrufezeichen.

›Der Riss war zu schmal‹, gehen mir die Worte meines Vaters durch den Kopf und ich blättere weiter. Bis Anfang '91 – mein Gott, da war Dschidschi grade mal sechzehn.

Gestern endlich der Anruf: Rüdi, der jetzt in dem neuen Zeitungsarchiv arbeitet. Eigentlich gibt es das Archiv schon viel länger, genau wie Rüdi, aber bis vor zwei Jahren ist man da als Normalsterblicher natürlich nie reingekommen. Mama seufzte leise, als sie mir den Telefonhörer gab. Sie hofft immer noch, dass mal ein Mädchen für mich anklingelt. Ich musste grinsen. Aber nicht, weil ich Rüdi so toll finde. Er ist nett, aber mich interessiert nur sein Job. Mama hörte zu, während wir uns verabredeten. »Für die

Facharbeit in Deutsch«, erklärte ich ihr, während ich auflegte. »Rüdi arbeitet in der Universitäts- und Landesbibliothek.« Sie lächelte und glaubte mir nicht. Egal, mir glaubt ja ohnehin niemand. Aber jetzt stand ich kurz vor dem Beweis, dachte ich jedenfalls.

Gleich drei Blätter hatte Rüdi für mich aus dem riesigen Zeitungsarchiv der Bibliothek ausgebuddelt. Feierlich breitete er sie vor mir aus: den Boten für das Saalthal, die Hallische Zeitung und den Hallischen Central-Anzeiger, alle vom 21. September 1868. Die beiden ersten waren blendend erhalten, der Central-Anzeiger sah dagegen schon etwas gerupft aus. Ihn nahm ich mir zuerst vor. Zweimal blätterte ich alle Seiten von vorne bis hinten durch, überflog sämtliche Artikel. Die alten Schriftzeichen waren nicht einfach zu entziffern, aber ich würde natürlich schon an einer Schlagzeile erkennen, wonach ich suchte. Auf Seite eins fand ich gleich einen langen Text über den Umzug der Schadow'schen Löwenstatuen vom Marktplatz zur Freitreppe vor der Universität. Aber das interessierte mich nicht.

»In der fehlt ganz schön viel«, raunte ich und schlug den Central-Anzeiger wieder zu.

Rüdi hob die Schultern. »Sieht ja auch nicht mehr taufrisch aus.« Er warf einen kurzen Blick auf die alte Zeitung. »Wonach suchst'n eigentlich?«

»Zeig ich dir gleich«, murmelte ich und begann, die Hallische zu studieren. Ohne Erfolg. Auch beim zweiten Mal. Meine Finger wurden feucht. Ich musste sie mehrmals an meiner Hose abwischen, um die Seiten wieder einzeln umblättern zu können. Es blieb nur noch der Bote.

»Gibt's doch nicht«, fluchte ich leise. So lange hatte ich auf diesen Moment gewartet. Sieben muss ich gewesen sein, vielleicht sogar erst sechs, als mir Opa Hans das erste

Mal zum Einschlafen vom glücklosen Rainhardt Müller erzählte. Seitdem war er mir nicht mehr aus dem Kopf gegangen. Und heute wollte ich die Wahrheit der Geschichte beweisen. Allen wollte ich es zeigen. »Es kann doch nicht sein, dass da nichts drinsteht!«

»Hey, Vorsicht.« Rüdi strich eilig das Blatt wieder glatt, das ich wütend beiseitegeschubst hatte.

»Tschuldigung«, ich kämpfte gegen die Tränen. Achtundvierzig Seiten nutzloses Altpapier voller Druckerschwärze. Mein Blick haftete auf der letzten Ziffer. Achtundvierzig Seiten, achtundvierzig, achtundvierzig, hämmerte es in meinem Kopf. Ich spürte Rüdis Hand auf meiner Schulter. »Warte mal«, ich schob ihn beiseite und fing an, den Boten *noch mal von hinten durchzublättern. Diesmal hatte ich nur die Nummern im Blick. Siebzehn, dreizehn. Siebzehn, dreizehn. Tatsächlich. »Fünfzehn und sechzehn – warte – neun, zehn, fünfzehn und sechzehn.«*

»Was?« Ratlos sah Rüdi mich an.

»Ein Bogen fehlt. Der mit den Seiten neun, zehn, fünfzehn und sechzehn.«

»Also ist die auch nicht mehr ganz taufrisch.« Rüdi verstand nichts.

Ich schnappte mir die Hallische Zeitung. *»Eins, zwei, sieben«, zählte ich laut. »Hier fehlen gleich die Seiten drei, vier, fünf und sechs.«*

Rüdi sah mich an wie einen Verrückten. Wahrscheinlich bereute er jetzt, mir den Gefallen getan zu haben.

Meine Finger waren wieder trocken. Geschwind wuselten sie durch den Boten *und es war, wie ich schon erwartet hatte. »In allen drei Zeitungen fehlen genau vier Seiten.« Warum ich dabei so triumphierend klang, war mir selbst nicht klar.*

»Und, war's das jetzt? Können wir gehen?«, fragte Rüdi,

hörbar ungeduldig, nachdem ich wohl eine Zeit lang stumm versucht hatte, einen klaren Gedanken zu fassen. Genau in dem Moment hatte ich einen.

»Gibt es Aufzeichnungen über die Besucher des Archivs?«

»Was? Biste jetzt Hauptmann Wernicke oder Sherlock Holmes oder was?« Rüdi war sauer.

Ich gab mir einen Ruck, lachte ihn an und legte meine Arme um seine Hüften. Ich kam mit den Lippen ganz nah an sein Ohr. Er roch nach Rauch und ein bisschen nach Schnaps. Gar nicht so übel. Ich flüsterte konspirativ: »Vor 1990 ist doch hier kaum einer reingekommen, oder? Und wenn, dann habt ihr sicher ganz genau aufgeschrieben, wann und was die Besucher angeguckt haben. Gibt's da noch Listen? Weißt du das? Komm schon, du weißt es, oder?« *Ich zwickte ihn in die Taille.* »Wer sonst soll so was wissen?« *Ich zwickte noch mal, dann fasste ich nach seinem Po.* »Du warst doch schon immer da.« *Ich zog ihn an mich ran.* »Du bist doch der König hier. Mein König der Zeitungen, König aller Archive.« *Natürlich wusste er es.*

Habe lange geduscht. Jetzt sitze ich daheim auf meinem Bett und überlege, was ich mit dieser teuren Information anfange. 19. September 1968. Da war jemand im Archiv und hat nach Zeitungen von 1868 gesucht. Hundertjahrfeier stand da noch. Und ein Name, vollkommen unleserlich. Heute fällt mir nichts mehr dazu ein. Gehe jetzt schlafen.

Preis noch höher? Das wurde hochkant neben den Tagebucheintrag gekritzelt. Mit einem anderen Stift geschrieben. Nachträglich, so sieht es aus.

Ich klappe das Buch zu, lege es neben mich, blicke auf den Asphalt, auf meine Schuhe. Ich bücke mich und versuche, einen staubigen Fleck wegzureiben. Ich möchte an Dschi-

dschis leuchtende Augen denken. Aber ich sehe ihn in dem Bett vor mir. Im Krankenhaus. Mit den Schläuchen im Arm und in der Nase. Vier Wochen ist das erst her. Jetzt ist dir die Zeit doch davongelaufen, war mir durch den Kopf gegangen, während ich da auf dem Stuhl neben ihm saß.

Lange dachte ich, er würde mich gar nicht bemerken, aber irgendwann hat er mir zugeblinzelt. Ich musste mich ganz nah über ihn beugen, um seine Stimme zu verstehen. Er raunte, er habe ein Geschenk für mich, es sei in dem kleinen Spind, in dem seine Sachen hingen. Er beschrieb mir, wo ich das Päckchen in der grauen Sporttasche finden würde, vergraben unter seinen Pyjamas. Ich dürfe es erst öffnen, wenn er wieder raus sei, sagte er mit diesem feinen, spöttischen Lächeln, das mir als Kind immer so gefallen hat. Wahrscheinlich ist es außer mir nie jemandem aufgefallen. Ich wusste natürlich, was er meinte. Raus kam er dann schon zwei Tage später.

Ich greife wieder nach seinem Büchlein, schnipse ein paar Kieselsteine vom Umschlag, die sich an das Leder geheftet haben. Ich schlage es auf, blättere zielgenau. Ich weiß ja wohin. So oft habe ich es in diesen vier Wochen gelesen. Und obwohl ich es mittlerweile fast auswendig kenne, obwohl ich längst alles weiß, ist es jetzt anders. Hier ist es anders. Hier muss ich alles noch mal lesen. Ich finde den Eintrag vom 12. Januar '92. Dschidschi muss aufgeregt gewesen sein. Die Schrift ist fahrig, schwer zu entziffern. Er schreibt fast im Telegrammstil.

Kann das wahr sein? So viel Zufall? Mit Papa Bericht im Fernsehen geschaut. Über die 68er. Bei den Wessis und hier bei uns. Als ob's hier welche gegeben hätte. Papa sagt, er war dabei. Ja, ja, klar, Papa. Alte Aufnahmen aus München. Da war was los. In Leipzig auch, sagen sie. Aber es hat sich natürlich keiner zu filmen getraut. Langweilig jedenfalls. Plötzlich sind die beiden Löwen im Bild und ein uralter Typ, der erklärt, dass er damals Polizist war und es einen Anschlag auf die Statuen gegeben hätte. Ein Student wollte in der Nacht die Löwen zerstören. Symbolisch, um das Wissen von den Herrschenden zu befreien. Freiheit mit dem Schweißbrenner, sagt der alte Mann.

15. Januar '92. Ich habe ihn gefunden. Den Polizisten. Die vom Fernsehen wollten mir die Nummer natürlich nicht geben. Hab einfach ins Telefonbuch geschaut. Den Namen hatten sie ja Gott sei Dank in dem Bericht eingeblendet. Ich habe ihm gesagt, dass ich für die Schule einen Aufsatz über die Löwen schreibe und dass das sicher eine Eins wird, wenn er mir ein paar exklusive Details erzählt. Hat er gemacht. Wollte gar nicht mehr aufhören. Er war auf Streife und hat den Kerl bemerkt. Mit seinem Kollegen hat er ihn dann gestellt und die Löwen gerettet. Eine Belobigung und Sonderurlaub hat er dafür bekommen. An das Datum hat er sich noch genau erinnert. Ein Sonntag, früh am Morgen. Natürlich kein Mensch auf dem Unigelände. Genau am 22. September '68 war das, sagt er. Und dann frage ich ihn, an welchem Löwen sich der Student denn zuerst zu schaffen gemacht hatte. Der war nur an einem zu Werke, sagt er da. Am rechten. Also an dem ohne Riss.

Ich muss wieder lachen. Obwohl ich die Pointe jetzt schon so gut kenne. »Ach, Rainhardt Müller, du warst wirklich ein armer Tropf.« Ich schüttle den Kopf, wische mir über die Wange. Hat seine Beute im falschen Löwen gesucht. Wer weiß, warum er's nicht noch beim anderen versuchte. Vielleicht hat er sich erst mal nicht getraut, den auch noch zu bearbeiten. Gusseisen aufhämmern, das muss ja einen Heidenlärm gemacht haben. Dann kam der Krieg mit den Franzosen, Rainhardt wurde eingezogen und das war's dann.

Ich überfliege die nächsten Einträge. Dschidschi versucht herauszufinden, wer der Student war, überzeugt, dass er es gewesen sein muss, der die Seiten aus den alten Zeitungen herausgenommen hat. Jemand, der die Geschichte von Rainhardt Müller auch kannte und ebenfalls glaubte, das Rätsel gelöst zu haben. Ein weiterer Verwandter vielleicht?

Aber Dschidschi hatte keinen Erfolg. Die Spuren verloren sich, führten zu neuen Fragezeichen. Hatte der Student es noch einmal versucht? Und wenn nicht, warum? Die Tagebucheinträge werden kürzer, sporadischer. Ein paar Namen tauchen auf. Jürgen, Otto, Gerhard. Kurze Liebschaften. Abenteuer. Dschidschi macht im Mai Abitur. Er fährt nach Hannover, will sich die Leibniz Universität ansehen, schreibt sich für Philosophie ein. Sein Vater tobt. Sagt, dass er dafür keine Mark rausrücken wird. Dschidschi schert sich nicht drum. Ich komme zu diesem einen Eintrag. Es sind nur ein paar Zeilen, aber ich liebe sie.

Der Job als Nachtwächter ist nicht übel. Viele Vorteile. Nicht so viele Menschen. Viel Spannendes anzusehen. Die Firma ist darauf spezialisiert, Kunstbetriebe zu bewachen. Restauriertes, Antikes, na ja, schließlich bin ich nicht zufällig hier. Der Höhepunkt auf meiner nächtlichen Runde ist diese Restaurationsfirma. Die haben heute eine riesige Lieferung bekommen. Zwei Löwen aus Halle. Was für ein Zufall.

»Was für ein Zufall«, murmele ich und recke mein Gesicht in die Sonne. Durch die geschlossenen Lider leuchtet es goldrot. Wie in der Galerie unter dem Dach früh am Morgen. »Und ich glaubte immer, dir liefe die Zeit davon, dein Rätsel

zu lösen, Onkel Dschidschi. Dabei war es ein Rätsel für mich.«
Ich öffne die Augen, schaue nach oben. Über mir reckt sich stoisch eine Löwennase ins Himmelblau. Ich schließe das Tagebuch, schiebe es behutsam in die Kladde zu den Schriftstücken des Nachlassverwalters und drehe mich zu der Statue um.

»Hey, du weißt schon, dass das Unglück bringt?« Ein junger Mann steht auf der anderen Seite der Figur und grinst mich an. »Wenn man sich auf sie draufsetzt, heißt es, fällt man sicher durch die nächste Klausur.«

»Ich hatte nicht vor, mich draufzusetzen. Und außerdem ist heute mein erster Tag. Ich hoffe nicht, dass es da gleich eine Klausur gibt.«

»Erstsemester, verstehe. Soll ich dich rumführen? Was studierst du denn?«

»Wirtschaft. Ich will mal ein Franchise mit Kunstgalerien aufziehen.«

»Große Pläne. Aber da bist du hier falsch.«

»Ja, ja, ich weiß. Die Fakultät ist drüben beim Joliot-Curie-Platz am Hansering. Ich musste nur vorher den beiden Miezen Hallo sagen.«

»Du bist aber nicht von hier, oder? Lass mich raten. Aus Hamburg?«

»Hannover.«

»Und was hat dich gerade nach Halle verschlagen?«

Ich stoße mich von der Treppenwange ab, tätschle dem Löwen noch mal die gusseiserne Pfote, dann springe ich die letzten zwei Stufen hinunter. »Ein Stipendium.« Ich winke. »Ein Löwenstipendium.«

Tatjana Kruse

Die Doris macht das Gift

Marienbibliothek

Da drüben steht er, neben dem Händel-Denkmal, und schaut zur Marktkirche: unscheinbar in beigefarbene Stoffhose und beigefarbene Windjacke gekleidet, einen leeren Jutebeutel in der Hand. Keiner ahnt, dass er einer der gefährlichsten Verbrecher der neueren deutschen Geschichte ist. Diverse Raubmorde gehen auf sein Konto. In diesem Moment steht er kurz vor der Ausführung seiner nächsten perfiden Tat, bei der er schonungslos über Leichen gehen wird, wenn es sein muss. Und es wird sein müssen, weil er keine Zeugen gebrauchen kann. Er weiß allerdings nicht, dass er in exakt fünfunddreißig Minuten und siebenundzwanzig Sekunden selbst das Zeitliche segnen wird. Gewaltsam vom Leben zum Tode verbracht.

Wer wird es tun? Wer bringt ihn um?

Der junge Hipster-Student mit dem Man Bun, der gerade quer über den Marktplatz von Halle an der Saale sprintet?

Die beiden feisten Gesellen namens Hämmerle und Breitmayr, die sich in *Steinecke's Backstube* just in diesem Augenblick mit süddeutschem Dialekt ihre tägliche Dosis Kohlehydrate in Form von zwei Snackbaguettes Salami bestellen?

Oder Doris Patzek, die junge Ehrenamtliche, die Mitglied im Freundeskreis der Marienbibliothek ist und heute die Schlüsselgewalt besitzt, wenn die Bücherei wie jeden Montag und Donnerstag von vierzehn bis siebzehn Uhr ihre Pforten öffnet? Heißt diese Geschichte wegen ihr, wie sie heißt?

Oder kommt doch alles ganz anders?

Immer diese lästigen zehn Minuten, bevor der *Jägermeister* anfängt zu wirken. Michael ›Michi‹ Gensch bechert nicht oft, nur wenn er sich Mut antrinken muss, und jetzt und hier braucht er definitiv einen Kräuterschnaps. Er steht im Innenhof vor dem 1890 erbauten Bibliotheksgebäude und betrachtet die ansprechende Fassade.

»Warten Sie auf mich?«

Michi zuckt zusammen und schiebt die Miniflasche in seine Jeanstasche.

»Tut mir leid, ich wollte Sie nicht erschrecken. Hallo! Sie sind bestimmt Herr Gensch, der Student. Ich bin Doris Patzek, kommen Sie mit.«

Die Marienbibliothek in Halle ist die älteste, seit ihrer Gründung im Jahr 1552 ununterbrochen öffentlich zugängliche evangelische Kirchenbibliothek in Deutschland. Lange ein bibliothekarer Hotspot, fiel sie im vorigen Jahrhundert in einen Dornröschenschlaf, gilt nur noch unter Historikern als ein verborgenes Refugium. Wenn dieser Tage jemand, nach Voranmeldung, vorbeikommt, dann meist Privatleute, die in den Kirchenbüchern ihre Familiengeschichte erforschen wollen.

Mit dieser Begründung hat sich auch Michi Gensch angemeldet. Frech gelogen.

Er schluckt schwer und folgt der jungen Frau, die gazellengleich die Treppe in den ersten Stock hinaufeilt, wobei er kaum mithalten kann. Nicht, weil er unsportlich wäre, nein, sein schlechtes Gewissen lastet tonnenschwer auf seinen Schultern und verwandelt jede Stufe in den Mount Everest.

»Sind Sie zum ersten Mal hier?«, fragt Doris, als sie nacheinander die Holz- und dann die Eisentür zum Bibliothekssaal aufschließt.

Michi nickt. Weil er hinter ihr steht und sie sein Nicken somit nicht sehen kann, will er »Ja« sagen, es kommt aber nur eine Art Gurgeln heraus. Dass die junge Bibliothekarin so sexy ist, macht seine Mission nicht leichter.

Sie treten in den riesigen, sieben Meter hohen Saal mit den beiden Zwischengeschossen, der genauso aussieht, wie man sich eine uralte Kirchenbibliothek vorstellt, nur sehr viel heller: voller Bücher und Atmosphäre. Und mit einer sensationellen Eisentreppe.

Michi ist kurz ergriffen. Er liebt Bücher. Und Bibliotheken.

»Sie können Ihre Sachen im Büro ablegen«, bietet Doris an, die hinter ihm wieder abschließt und ihn anschließend nach links in das gemütliche, wenn auch etwas chaotische Arbeitszimmer führt, in dem sie an den Öffnungstagen meistens allein sitzt. Sie freut sich immer, wenn jemand vorbeikommt. Und heute freut sie sich besonders, denn nur selten sind die Besucher der Bibliothek so schnuffig wie dieses Prachtexemplar von einem Mann. »Möchten Sie einen Kaffee?«

»Danke, nein«, sagt Michi, der seine Stimme wiedergefunden hat. Er will es möglichst rasch hinter sich bringen. »Ich widme mich besser gleich den Kirchenbüchern.«

»Natürlich. Mir nach.«

»Bitte machen Sie sich keine Umstände, ich finde mich auch allein zurecht.« Was natürlich Quatsch ist, weil er ja noch nie hier war.

»Das sind doch keine Umstände.« Doris wirft ihre Tasche auf den großen Arbeitstisch in der Mitte des Büros und geht wieder in den Bibliothekssaal, Michi im Schlepptau.

Seine Aufregung wächst. Er ist in seinem Leben noch nicht oft vom rechten Weg abgekommen – das hier ist Terra incognita für ihn.

Michi Gensch studiert im vierten Semester Literaturgeschichte und hat bei einem Zufallsfund während seiner Recherchen eine sensationelle Entdeckung gemacht: Er kann eine Lücke im Lebenslauf von Johann Wolfgang von Goethe schließen! Michi kann beweisen, dass Goethe sich in eine Hallenserin verliebte und die Marienbibliothek besucht hat. Und zwar 1805. Das fünfundfünfzigjährige, von Koliken geplagte Universalgenie ließ sich vom Stadtphysikus Johann Christian Reil behandeln und wohnte währenddessen bei seinem alten Freund Friedrich August Wolf, dem Begründer der Altertumswissenschaft, und dessen blutjunger, sonnenscheinschöner Tochter Wilhelmine, genannt Minchen. Der damals schon wampenbäuchige Dichterfürst fing mit Minchen eine heimliche Liebelei an, um ›sich mit einer kleinen Liebschaft vor langer Weile zu schützen‹, wie er es vermutlich seinem Freund und Intimus Schiller geschrieben hätte, wäre der nicht schon im Mai 1805 verstorben.

Michi hat rein zufällig in einem alten Erbauungsbüchlein einen Brief von Wilhelmine gefunden, in dem sie einer Freundin kurz vor ihrer Verehelichung schrieb:

Seine Exzellenz, der Geheime Rath von Göthe, erwies mir die Ehre, mir seine Zuneigung durch allerlei Tändeleien und auch mit gar schönen Worten in einem Brieflein zu gestehen, welches ich in meiner lieben Mutter Bibel versteckte, auf dass es mein Vater nicht finde und sich gräme. Wie ich aber heute vom Tee bei Frau von Z. kam, trug mir das Dienstmädchen zu, dass Vater und der Geheime Rath auf dem Weg zu Johann Christlieb Kemme seien, um ihm zu treuen Händen Mutters Bibel für seine Bibliothek zu überlassen.

Er muss diese Bibel finden! Womöglich hat Goethe dem Minchen in diesem Brief sogar ein Gedicht geschrieben. Das wäre eine literarische Sensation und Michi ein gemachter Mann. Natürlich hätte er den Fund melden müssen – seinem

Prof, der Bibliotheksleitung –, aber das hätte seinen Ruhm geschmälert. Ein Teil von ihm schämte sich, aber ein anderer Teil peitschte ihn an.

»So, hier sind die Kirchenbücher. Welche Jahre brauchen Sie?« Doris steht wieder neben der Eingangstür und zeigt auf diverse schwarz gebundene Folianten.

Mist. Erstens hat sich Michi vorgestellt, allein durch die Bibliothek streifen zu können, und zweitens hat er sich für Uroma und Uropa, deren Ahnen er angeblich suchen will, keine genauen Daten überlegt.

»Äh ...«

Das Läuten der Türglocke rettet ihn.

»Ah, das muss die zweite Anmeldung sein, der Bibelforscher«, sagt Doris mit Blick auf ihre Armbanduhr und zückt ihren Schlüsselbund. »Einen Moment, bitte.«

Vor der geöffneten Tür steht ein unscheinbarer Mann in Windjacke und Stoffhose, mit einem leeren Einkaufsbeutel in der Hand.

»Ich komme wegen Plocks Bibel«, sagt der Unscheinbare.

Am Telefon hat er sich als Theologe angemeldet, der einen Blick auf einen ganz besonderen Schatz der Marienbibliothek werfen will: eine Bibel aus dem Besitz des Seidenstickers Hans Plock in deutscher Sprache, datiert auf das Jahr 1478, also noch vor Luthers Übersetzung.

»Nur immer herein in die gute Stube.« Doris strahlt. Sie ist ein Ausbund an Fröhlichkeit.

Als der Neuankömmling Michi Gensch bemerkt, stockt er kurz.

Doris zeigt nach oben. »Unsere Bibeln sind ...«, fängt sie an, aber da passiert es ...

Hämmerle und Breitmayr stampfen wie eine wild gewordene Büffelherde die Treppe hinauf, schubsen den Unscheinbaren kraftvoll in den Bibliothekssaal, sodass er über die grau-gelben

Fliesen schlittert und unsanft gegen die Eisenstufen mit dem Blümchenmuster prallt, und entreißen Doris den Schlüssel für die Eingangstüren.

»Huch!«, entfährt es Michi.

»Wir wollen die Hände!«, ruft der größere der beiden Eindringlinge. Es ist Hämmerle, aber wie er heißt, wissen Doris, Michi und der Unscheinbare in diesem Moment natürlich nicht. Hämmerle zückt eine Pistole.

Die Hände von Doris, Michi und dem Unscheinbaren schießen in die Höhe. Sie sind jetzt Geiseln!

Breitmayr, der Kleinere der beiden, schließt die Tür ab. Ursprünglich hatten sie einfach klingeln wollen. Dass gerade jemand eingelassen wurde, war pures Glück.

»Hände her!«, röhrt Hämmerle.

»Höher geht nicht«, sagt Doris.

Hämmerle guckt verständnislos.

»Nicht *eure* Hände, die Hände von Luther. Her damit!«, verlangt Breitmayr. »Und zwar pronto, wenn ich bitten darf!«

Die beiden Männer sind Grundschulfreunde, zusammengeschweißt durch unzählige Stunden des Nachsitzens und, später dann, viele gemeinsame Jahre in der JVA Bruchsal. Sie eint aber noch mehr, nämlich der niedrige Intelligenzquotient. Nicht mal einstellig. Eigentlich im Minusbereich. Deswegen haben sie auch nur eine *klein*kriminelle Laufbahn, die sie nun krönen wollen, indem sie die Hände Martin Luthers auf dem Schwarzmarkt anbieten. Irgendwo da draußen gibt es bestimmt einen Sammler, der ein Vermögen dafür löhnt. Denken die beiden.

Nun muss man wissen, dass die Kirchenältesten von Halle im Jahr 1663 den Handwerker Lucas Schöne damit beauftragten, eine lebensgroße Nachbildung des berühmten Reformators zu erstellen, auf Grundlage seiner aus gelbem Wachs gegossenen Totenmaske und der Abformung seiner gichtigen Hände. Schöne ergänzte die Maske mit einem Hinterkopf und klebte Glasplättchen mit aufgemalter Iris auf die Augen, um einen lebendigen Gesichtsausdruck zu erzeugen, und in eine der verkrümmten Hände steckte er eine Schreibfeder. Anschließend kleidete er die Figur in Talar und Doktorbarett und setzte sie an einen Tisch, auf dem die lutherische Bibelübersetzung lag.

Je nun, möchte man sagen, aber diese Art der Zurschaustellung entsprach dem barocken Lebensgefühl und später war es dann einfach Tradition. Über zweihundertfünfzig Jahre saß Luther so da. Bis in die Zwanzigerjahre des vorigen Jahrhunderts hinein, dann wurde er demontiert. Nur die originalen Wachsabgüsse der Totenmaske und der Hände des Reformators sind in der Turmkammer der gegenüberliegenden Marktkirche noch zu bewundern.

Was alle Welt weiß oder zumindest in jedem Touristenführer nachlesen kann. Hämmerle und Breitmayr haben das aus irgendeinem Grund aber nicht mitbekommen.

»Wird's jetzt!«, verlangt Breitmayr, der nun ebenfalls mit einer Pistole auf die drei Geiseln zielt.

Michi schluckt schwer.

»Also … die Hände sind drüben in der Kirche«, sagt Doris, die weniger angstfrei denn interessiert wirkt.

»Das ist ein Trick, die will uns nur loswerden«, räsoniert Hämmerle.

Der Unscheinbare denkt, dass sich in der Trommel des Revolvers, der hinten in seinem Hosenbund steckt, acht Schuss befinden und er somit auf jeden der anderen zweimal schießen kann, um dann in aller Ruhe nach der Plock-Bibel zu suchen, für die er bereits einen durchgeknallten, texanischen Sammler als Käufer an der Hand hat. Aber er will auf Nummer sicher gehen und erst mal abwarten, ob die beiden

Dummies nicht womöglich noch einen Kumpan haben, der draußen Schmiere steht.

Doris nickt mehrmals. »Ganz ehrlich, die Wachshände befinden sich wirklich drüben in der Kirche.«

»Wie? Wachs?« Hämmerle legt die Stirn in Falten. »Es sind nicht die echten?« Er hatte immer gedacht, das Wachs sei nur zum Schutz über die Originalhände gegossen worden. Wie Sonnenmilch gegen Lichtstrahlen. Oder Fettcreme gegen Falten.

Breitmayr bleibt skeptisch. »Da oben sehe ich doch eine Vitrine«, ruft er und zeigt in die Höhe.

»Da stehen nur Schuhe drin«, erklärt Doris. Die von Melanchton und einer Türkin, will sie noch ergänzen, wird aber von Breitmayr unterbrochen.

»Schuhe? In 'ner Bibliothek? Quatsch! Hoch da! Alle!«

Doris steigt die Stufen der Eisentreppe hoch. Hinter ihr Michi, der eigentlich mehr Angst haben müsste, aber vom Anblick ihrer Beine abgelenkt wird. Es folgt der Unscheinbare, dem Hämmerle einen Stoß ins Kreuz versetzt.

Der Unscheinbare denkt derweil, dass er die beiden jungen Leute mit je einem Schuss ausschalten wird, damit zwei weitere Kugeln für Hämmerle übrig bleiben. Den will er langsam killen: erst ein Schuss ins linke Knie, dann ein Schuss ins rechte Knie, dann in die Stirn. Niemand schubst ihn ungestraft!

Hämmerle schubst ihn noch mal, als sie am Treppenkopf angelangt sind, wo es für alle fünf etwas eng wird.

In der kleinen Vitrine neben dem Rundbogenfenster zur Linken befinden sich tatsächlich Schuhe. Vergleichsweise winzige Schuhe – die Menschheit ist durch die Evolution nicht klüger geworden, dafür aber größer.

»Sch…«, flucht Breitmayr. Ihm dämmert, dass die Bibliothekarin ihn womöglich doch nicht anlügt. Und nun?

Ohne ein Heißgetränk und eine Fluppe kann er nicht denken.

»Gibt's hier Kaffee?«, fragt er Doris.

»Ich kann rasch einen machen.« Sie nickt hilfsbereit.

»Du gehst mit«, sagt Breitmayr zu Hämmerle.

Der Unscheinbare und Michi Gensch haben mitbekommen, dass sie nun direkt vor der Bibelsammlung der Bibliothek stehen, quasi am Ziel ihrer Wünsche. Diskret schauen sie sich um. Jeder für sich, versteht sich.

»Was guckt ihr denn da?«, blafft Breitmayr sie an, während Hämmerle und Doris nach unten in Richtung Büro entschwinden.

»Bibeln«, sagt Michi und zeigt dabei mit zittriger Hand auf einen lateinischen Band aus Straßburg aus dem Jahr 1481, Rindsledereinband mit Metallbeschlägen und Schließen. Er tut sich selbst leid, weil sein junges, vielversprechendes Leben womöglich jede Sekunde völlig sinnlos ausgelöscht wird.

»Ist die was wert?«, will Breitmayr wissen und wittert Licht am Ende des Tunnels.

Michi nickt.

Breitmayr hat im Fernsehen zweimal *Der Name der Rose* gesehen. Er denkt, dass alle alten Bibeln von den Mönchen mit vergifteter Tinte geschrieben wurden.

»Rausnehmen«, sagt er deshalb zu Michi.

Der zieht die Bibel, ein recht schweres Teil, aus dem Regal, legt sie auf die Vitrine mit den Schuhen und schlägt sie auf. Schade, kein Exlibris von Friedrich August Wolf. Michi hätte gern in den letzten Augenblicken seines Lebens seinen heiligen Gral gefunden. Ihm kommt eine Idee. »Vielleicht gibt es ja noch wertvollere Bibeln. Soll ich nachsehen?«, bietet er Breitmayr an.

Der nickt.

Während Michi und der Unscheinbare die Bibelsammlung

durchgehen – beide mit Hintergedanken, Ersterer auf der Suche nach der Wolf'schen Familienbibel mit dem Goethe-Liebesbrief, Letzterer auf der Suche nach der unschätzbaren Plock'schen Bibel –, sind Hämmerle und Doris im Büro angelangt.

»Da ist unsere Kaffeemaschine«, sagt Doris und zeigt auf ein kleines schwarzes Teil, in das man Kapseln stecken kann und gut.

»Boah, das sind ja voll viele Sorten.« Hämmerle beugt sich über die Schachtel mit den Kaffeekapseln. Weil er strohdumm ist, das aber weiß, hält er Doris am Arm fest, damit sie nicht plötzlich einen Notruf auf ihrem Handy absetzt oder gegen die Fensterscheiben hämmert und um Hilfe ruft. »Ich nehme die lila Kapsel und die schwarz-blau-weiß gestreifte«, sagt er.

»Es geht immer nur eine auf einmal«, hält Doris dagegen.

In Hämmerle überlegt es.

»Oder wir nehmen eine größere Tasse und drücken zweimal.«

Hämmerle strahlt. Und während er die beiden Kapseln aus der Schachtel fischt, fischt Doris ein braunes Fläschchen aus ihrer Handtasche.

Oben im Zwischengeschoss der Bibliothek geht die Suche derweil weiter.

»Die da sieht hübsch aus.« Breitmayr deutet mit seiner Pistole auf einen der fetten Folianten. Alte Bibeln sind grundsätzlich nicht Size Zero.

Michi will die Bibel vom obersten Regal ziehen – wenn er so weitermacht, wird er Muskelkater in den Oberarmen bekommen.

Der Unscheinbare rückt wieder einen Zentimeter weiter an die gegenüberliegende Wand. Dort steht ebenfalls eine Vitrine und er ist sich ziemlich sicher, dass das Objekt seiner

Begierde darin aufbewahrt wird. Falls dem so sein sollte, wird er kurzen Prozess mit diesen ganzen Idioten machen.

»Kaffee ist fertig«, jubelt Hämmerle.

Michi hält kurz inne.

Hämmerle und Doris kommen mit einem dampfenden Becher die Treppe hoch.

Breitmayr greift nach dem Kaffee, nimmt vorsichtig einen Schluck und spuckt ihn wieder aus. Nicht in den Becher, auf den Boden. »Schmeckt kacke!«, sagt er, als hätten die anderen das nicht schon aus seiner Reaktion geschlussfolgert.

»He, das ist meine Spezialmischung!« Hämmerle nimmt ihm den Becher ab und trinkt auf ex, als besäße sein Gaumen keine Hitzerezeptoren. »Lecker!«, meint er strahlend.

Breitmayr schüttelt den Kopf und zieht eine Zigarette und ein Feuerzeug aus der Innentasche seiner Jacke.

»In einer Bibliothek darf man nicht rauchen«, rutscht es Michi heraus, der immer noch mit erhobenen Händen vor dem Bibelregal steht. Seine Mahnung ist ein Reflex. Weil er doch Bücher so liebt. Ein Reflex, den er sogleich bereut, weil Hämmerle und Breitmayr mit ihren Pistolen jetzt auf seinen Kopf zielen.

Er hätte sich keine Sorgen machen müssen. Die beiden Jugendfreunde haben noch nie jemanden erschossen. Sie könnten es in diesem Augenblick auch nicht, weil Hämmerle, der für die Materialpflege verantwortlich ist, an diesem Morgen vergessen hat, die Pistolen zu laden.

»Wo willst du denn hin?«, röhrt Breitmayr, weil er jetzt endlich bemerkt, dass der Unscheinbare schon fast am anderen Ende des Regals angekommen ist. »Hol den mal zurück«, befiehlt er seinem Kompagnon.

Doris beobachtet die ganze Zeit aufmerksam Hämmerle, der den Unscheinbaren am Arm packt und zurück zu den anderen zieht. Was der nur deshalb mit sich geschehen lässt, weil in der Vitrine doch nicht, wie erhofft, die Plock'sche Bibel liegt.

Breitmayr schiebt sich seine Zigarette in den Mund, klackt das Feuerzeug auf und zündet sich den Glimmstängel an.

Wir, die wir dieser Szene beiwohnen, sollten uns nun wie eine Drohne über diese fünf Menschen erheben und sie wohlwollend von oben betrachten.

Fünf Menschen, die das unergründliche Schicksal an ein und demselben Nachmittag in der Marienbibliothek zu Halle an der Saale zusammengewürfelt hat: Hämmerle und Breitmayr, die eigentlich Luthers Hände stehlen und verscherbeln wollten, der Unscheinbare, der eine kostbare Bibel zu stehlen gedachte und dabei die Bibliothekarin erschossen hätte, weil er niemals lebende Zeugen hinterlässt, Michi Gensch, der mit dem Auffund eines verschollenen Liebesbriefs von Goethe das Fundament für seine weitere Karriere legen wollte, und Doris Patzek, die nur aushilfsweise die Aufsicht übernahm, wenn die eigentliche Bibliothekarin krankheits- oder urlaubsbedingt ausfiel.

Als Drohne von oben sehen wir nicht nur die fünf Menschen, sondern auch die Regale voller Bibeln, die teilweise mehrere Kilogramm wiegen. Wir sehen die Rundfenster, die die gesamte Geschosshöhe ausnutzen und aus Glas bestehen, das nur zwei Millimeter dick ist und quasi schon Risse bekommt, wenn man nur in seine Richtung ausatmet. Und wir stoßen mit dem Drohnenkopf gegen den Stutzen, aus dem im Brandfall unter großem Druck Inertgas ausströmt. In einer Bibliothek kann man natürlich nicht mit Wasser löschen, das würde den kompletten Bestand zerstören. Daher weicht man auf Gase aus, die den Luftsauerstoff verdrängen, was das Feuer zum Erlöschen bringt.

Und von hier oben beobachten wir jetzt auch, wie Hämmerle sich plötzlich mit schmerzverzerrtem Gesicht krümmt.

»Was ist?«, will Breitmayr wissen, ehrlich besorgt, weil es auch unter Ganoven so was wie echte Freundschaft gibt.

Hämmerle schreit qualvoll auf. Er hat das Gefühl, dass ihm gleich seine Gedärme platzen. »Wo …«, quetscht er hervor und lässt die Pistole fallen, damit er sich den Bauch mit beiden Händen halten kann, »… ist … das Klo?«

Dem Unscheinbaren reicht es jetzt mit diesen Pappnasen. In einer einzigen fließenden Bewegung stößt er Hämmerle zu Boden, wo dieser in Embryonalhaltung jaulend liegen bleibt, entreißt Breitmayr dessen Pistole und stößt ihn zu Michi und Doris vor die Bibeln, während er selbst am Fenster Position bezieht.

Mit bedrohlich klingender Stimme zischt er: »Jetzt hört mal alle gut zu …«

Aber was immer er sagen will, bleibt auf ewig unausgesprochen, denn in diesem Moment kickt Hämmerle, der es vor Schmerzen kaum noch aushält, mit beiden Beinen kräftig nach vorn …

… und trifft die Beine von Michi Gensch. Der knallt gegen das Regal und die zuoberst liegende Bibel, die er schon vorgezogen hatte, fällt runter – Breitmayr direkt auf den Kopf.

Weil sie ohnehin schwer ist und auf dem Flug aufgrund physikalischer Gesetze gefühlt auch noch an Gewicht zulegt, wird Breitmayr ausgeknockt. Er geht – schon mit glasigem Blick – erst in die Knie und kippt dann um. Seine Zigarette landet dabei auf einem Büchlein mit Bibelkommentaren, dessen Einband sofort Feuer fängt.

Doris zieht Michi mit sich in die Hocke, als der Feueralarm anschlägt, das Inertgas seine Pflicht erfüllt und unter Druck ausströmt. Unter hohem Druck. Der Laie unterschätzt das gern, es funzt wie ein rechter Haken von Klitschko.

Der Unscheinbare, der direkt unter dem Stutzen steht,

wird folglich gegen die Fensterscheibe katapultiert, die seinem Gewicht nicht standhält und zerbirst.

Man darf getrost davon ausgehen, dass er sich während seines Falls in die Tiefe grämt – weil er immer gedacht hatte, bei einer wilden Verfolgungsjagd mit der Polizei ums Leben zu kommen oder doch wenigstens beim Showdown mit einem Konkurrenten, aber nicht so, nicht durch solche Idioten, nicht durch eine saublöde Verkettung von Umständen. Wäre er nicht mit dem Kopf zuerst auf dem Innenhofpflaster aufgeschlagen, hätte er den Sturz womöglich überlebt. So aber ...

... so aber identifizierte die hallesche Polizei den Unscheinbaren als Rudi Schmittke, einen von Interpol gesuchten Gewaltverbrecher, vor dem die Welt nunmehr sicher war.

Breitmayr kam mit einer schweren Gehirnerschütterung ins Krankenhaus, würde die Verletzung aber überleben. Ebenso wie Hämmerle. Als sie wieder in ihre Zelle in der JVA Bruchsal eingeliefert wurden, war das wie Heimkommen. Die anderen Insassen gaben eine Party.

Doris Patzek, die an jenem ereignisreichen Tag nach ihrem Dienst in der Bibliothek ihre an Verstopfung leidende Großmutter hatte besuchen wollen, hatte geistesgegenwärtig die komplette Flasche Abführmittel in den Kaffeebecher geschüttet. Was Hämmerle, der es natürlich nicht mehr rechtzeitig auf die außerhalb der Bibliothek liegende Toilette geschafft hatte, von da an den Spitznamen ›Kleiner Scheißer‹ eintrug.

Michi und Doris kamen sich durch dieses gemeinsame traumatische Erlebnis näher. So nahe, dass er sich ihr bei ihrer Verlobung anvertraute und von dem Liebesbrief Goethes erzählte.

Aber ob Michi Gensch, dieser Ausbund an Larmoyanz,

Häufchen-Elend-Sein und Mimimi, und Doris Patzek, die stets gut gelaunte Pragmatikerin, bei der Suche nach diesem Brief je fündig wurden und was sie dabei Kurioses erlebten, das, tja, das ist eine andere Geschichte ...

Sabine Trinkaus

Das letzte Scheeks

Landsberger Brauerei

Ecki war sauer. Das war nicht weiter verwunderlich, denn Ecki war immer sauer, wenn Tante Tilla in der Nähe war. Und doch war es ein Problem, denn wenn Ecki sauer war, konnte er sich nicht gut konzentrieren. Konzentration allerdings brauchte es, jetzt und hier am Kachelofen in der *Landsberger Brauerstube.* Denn Ecki hatte genug. Heute würde er der Sache endlich ein Ende machen.

Die Umstände waren günstig, denn außer ihm und Tilla saß auch der Typ von der Brauerei, dessen Namen Ecki schon wieder vergessen hatte, mit am Tisch und sorgte dafür, dass schon wieder ein volles Bier darauf stand. Ecki griff danach und trank einen großen Schluck, dann noch einen. Wenn es nämlich irgendetwas gab, das Eckis Konzentration auf die Sprünge half, dann war es Bier. Er wartete kurz, trank den Rest und rülpste.

»Äh.« Der Brauereityp räusperte sich pikiert. Mirko, sie sollten ihn einfach Mirko nennen, hatte er gesagt, erinnerte sich Ecki, na bitte, ging doch, das Bier wirkte!

»Ach, mein Ecki«, säuselte Tillas Stimme an seinem Ohr. »Wie schön, dass es ihm so schmeckt. Er hat bloß diesen empfindlichen Magen.«

Sie warf ihm einen Blick zu, so einen Tilla-Blick, verlogen liebevoll. Obacht, mahnte das Bier in Eckis Kopf. Man musste bei Tilla nämlich aufpassen wie ein Schießhund. Sie verstand sich darauf, ihn abzulenken mit ihren passiv-aggressiven Psychotricks.

»Ich freue mich so, dass er die Zeit für unsere Verkostung gefunden hat«, legte sie auch prompt nach und strahlte ihn glücklich an. »Er hat nämlich nie viel Zeit, der Ecki«, erklärte sie Mirko. »Sein Studium nimmt ihn sehr in Anspruch, wissen Sie?«

Netter Versuch, dachte Ecki. Aber wenn Tilla sich wirklich einbildete, dass er die Szene, die sie ihm gestern erst gemacht hatte, einfach vergessen würde, dann hatte sie sich geschnitten. Ihr Heulen, diese Vorwürfe, und alles wegen Basti, dem blöden Basti. Sie hatte getan, als sei es Eckis Schuld, dass der beschissene Basti so lebensuntüchtig war, so kläglich an der Freiheit gescheitert. Verdammter Basti, verdammte Tilla, die nun in Mirkos Richtung weitertirilierte: »Aber bitte, mein Lieber, fahren Sie doch fort.«

Mirko nickte dankbar. »Fein gehopft«, erklärte er. »Behutsam gereift, mit erfrischend herbem Geschmack. Unser Premiumpils! Auf Ihr Wohl!« Stolz prostete er Tilla zu, sie tranken.

Ecki blickte verstimmt auf sein leeres Glas, versuchte, die neue Welle Ärger in Schach zu halten, indem er die linke Hand unauffällig in die Hosentasche wandern ließ und nach dem kleinen Fläschchen mit den Tropfen tastete.

»Köstlich«, hörte er Tilla flöten. »Ganz köstlich, mein lieber Mirko!«

Gott, dieser Ton! Und wie sie dasaß, in dem dezenten grauen Kostüm, um den Hals die Kette mit den faustgroßen Perlen, deren Gegenstücke die welken Ohrläppchen gen Erdmittelpunkt zerrten, das falsche Lächeln fest ins Gesicht gemeißelt. Ganz die ältliche, seriöse Geschäftsfrau, der die Liebenswürdigkeit aus allen Poren troff. Wie dieser Mirko sie ansah! Unverstellte Liebe im Blick, ja, sie hatte ihn an der Angel. Allerdings hatte sie auch leichtes Spiel gehabt, denn wenn in einer kleinen Brauerei die Besitzerin einer nicht ganz so kleinen Flusskreuzfahrtlinie auftauchte und um eine informelle Verkostung bat, weil sie sich und ihre Flotte getränketechnisch neu aufstellen wollte, dann verliebte man sich eben als Vertriebsleiter. Das war quasi ein professioneller Reflex, dachte Ecki und versuchte eilig, die Gedanken wegzuschieben. Verdammte Tilla, konnte sie nicht ein einziges Mal aufhören, ihn abzulenken? Er streichelte mit dem Zeigefinger das Fläschchen mit den Tropfen. Todsichere Sache, hatte der Mann gesagt, geschmacks- und geruchsneutral. Außerdem im Körper so gut wie nicht nachzuweisen. Nicht, dass Ecki diesbezüglich mit Problemen rechnete. Wenn eine alte Zunzel wie Tilla bei einer Bierverkostung tot von der Ofenbank kippte, würde mit Sicherheit niemand Verdacht schöpfen. Er zog das Fläschchen aus der Tasche. Es war an der Zeit.

»Was meinst du, Ecki?«, zirpte sich Tillas Stimme penetrant in seine zarte Konzentration. Verdammte Tilla!

»Hm, geht so. Bisschen sauer«, grunzte er, obwohl das nicht stimmte. Das Bier war tadellos, sauer war nur er, aber eben darum tat es gut, Tilla zusammenzucken zu sehen, und auch die kleine Wolke, die sich über Mirkos debiles Strahlen schob, tat ihm wohl.

Tilla lachte nervös und warf dem Vertriebsleiter einen ebensolchen Blick zu. »Ach, mein Ecki«, flötete sie. »Er ist so ehrlich, so geradeaus. Ein großer Freund von konstruktiver Kritik. Und bei Bier macht ihm keiner was vor.« Sie klang stolz, gleichzeitig ein bisschen entschuldigend, typisch Tilla halt. »Aber mir schmeckt es ganz hervorragend!« Sie bedachte Mirko mit einem verzückten Lächeln.

Typisch, so typisch für Tilla. Am Ende ging es natürlich immer nur um sie! Oder um Basti, ja, im Zweifel auch um Basti, aber nie um ihn, nie um Ecki, der unter dem Tisch immer verzweifelter an dem Verschluss des Fläschchens nestelte. Er drehte links, er drehte recht, aber der verdammte Deckel schien wie festgeschweißt. Es fiel ihm schwer, die Finger zu koordinieren. Immerhin hatten sie mittlerweile Hansebier, Saline-Bräu, das Goitzsche, den dunklen Bock, das Schwarze und das Export verkostet. Viel Bier, gutes Bier, das Eckis Konzentration wieder und wieder auf Vordermann gebracht, seine Feinmotorik aber ein winziges bisschen eingeschränkt hatte. Dabei eilte es, die Gelegenheit war günstig, denn auf einen Wink Mirkos erschien die freundliche Kellnerin in der langen gelben Schürze, stellte drei neue Flaschen nebst Gläsern auf den Tisch und übertönte damit fast das wunderbare Knacken darunter. Ecki unterdrückte einen Triumphschrei, griff stattdessen nach einer Flasche, trank einen Schluck, um sich für den Erfolg zu belohnen.

»Ah!«, machte Mirko. »Ich bin sicher, dass nun auch der feine Gaumen Ihres Neffen beeindruckt sein wird. Unser Scheeks!« Er grinste Beifall heischend. »Scheeks-Bier. Wie es euch gefällt, könnte man sagen.« Er lachte albern, Tilla kicherte entzückt.

»Hast du gehört, Scheeks-Bier, ist das nicht köstlich, Ecki?«

»Nö«, brummte der unwillig. Nicht nur, weil er nicht verstand, was die beiden so amüsant fanden, sondern vielmehr, weil er gerade bemerkte, dass sein Plan auch mit geöffnetem Giftfläschchen noch gewisse Lücken aufwies. Seine Versuche, die kleine und die große Flasche unter dem Tisch blind auf sinnhafte Weise zusammenzuführen, scheiterten nämlich kläglich. Er konnte nicht riskieren, das kostbare Gift auf den Boden zu schütten, verdammt.

»Scheeks«, hörte er Mirko schwadronieren, »ist allerdings hallisch für Bruder oder Freund und das passt hervorragend zu diesem hellen und süffigen Charakter!« Er klang, als würde er singen. »Genau richtig für Liebhaber milder und spritziger Biere. Wohl bekomm's!«

Verdammt! Ecki sah Tilla und Mirko anstoßen und trinken.

Wieder typisch, typisch Tilla, es war ihr scheißegal, mit was für Problemen er sich gerade herumschlagen musste.

»Verfickte Scheiße«, fluchte er.

Mirko verschluckte sich, hustete bellend.

Tilla ließ wieder das leicht hysterische Lachen vernehmen. »Oh, mein Ecki«, tirilierte sie. »Dieses Temperament! Und er lässt seine Gefühle immer einfach raus. Das ist sehr gesund, psychologisch, wissen Sie?«

Mirko nickte unschlüssig.

»Alles gut, mein Junge?« Tilla sah Ecki sorgenvoll an.

Konnte sie nicht einmal jetzt aufhören mit dieser verlogenen Betulichkeit? Er würde ihr gleich das Licht auspusten, verdammt. Ein Mörder würde Ecki werden, weil sie sich einfach weigerte, von selbst zu sterben. Obwohl sie alt genug war, weiß Gott, mindestens fünfzig. Sie hätte ihm mit Leichtigkeit all den Stress ersparen können, wäre sie dem bekloppten Basti einfach in die ewigen Jagdgründe gefolgt. Aber nein, so etwas kam seiner Tante natürlich nicht in den Sinn. Verdammte Tilla!

Die zornige Erregung erfasste Ecki mit so großer Wucht, dass ihm erneut ein Rülpser entfuhr. Ein gewaltiger Rülpser, der Mirko wieder zu so einem Blick veranlasste und Eckis Gehirn in ein leichtes Beben versetzte. Ein gutes Beben war das, etwas schien sich zurechtzuruckeln, das Bier an die richtige Stelle zu spülen, denn da war sie, die Lösung.

»Ich geh mal eine rauchen.« Ecki arbeitete sich schwankend vom Stuhl hoch.

Tilla sah ihn verständnislos an. »Seit wann rauchst du denn?«

»Seit jetzt!«, blaffte er, packte seine Flasche Scheeks und verließ den Tisch.

»Brauchst du vielleicht Kleingeld, für Zigaretten?«, hörte er seine Tante noch rufen, aber er ignorierte ihren neuen Sabotageversuch einfach, floh hinaus in die kühle Abendluft.

Er trank einen Schluck, für die Konzentration, atmete durch und machte sich ans Werk. Sogar hier draußen war es kompliziert, die Tropfen ins Bier zu träufeln. Sein Blick war leicht verschwommen, der Flaschenhals tückisch eng. Mindestens die Hälfte des Gifts landete daneben.

Auch das war wieder so verdammt typisch für Tilla, dass sie ihn ausgerechnet heute betrunken machen musste, während sie und der feine Herr Mirko immer nur beherrscht am Bier herumnippten. Aber egal, heute würde sie Ecki nicht kleinkriegen mit ihren Psychosabotageversuchen! Er würde das durchziehen. Und zwar jetzt.

Gestärkt und entschlossen hob er die Flasche, wollte der Konzentration noch einmal auf die Sprünge helfen, als ihm einfiel, dass das keine gute Idee war. Verdammte Tilla. Nicht einmal einen Schluck Bier gönnte sie ihm in so einem Moment. Durstig und zähneknirschend kehrte er in die Gaststube zurück, umrundete geschickt all die Tische und Stühle, die sich hinterfotzig in seinen Weg schoben, und landete endlich schwer auf seinem Stuhl. Er sondierte die Lage. »Kackepissearsch!«, entfuhr es ihm. »Ihr habt ja schon getrunken!«

»Oh, entschuldige, Ecki! Ich dachte ... nun, du warst so lange draußen. Ich dachte, du brauchst mal einen Moment für dich. Und du hattest die Flasche doch mit«, zirpte Tilla. »Außerdem wird es langsam spät. Wir möchten den armen Mirko doch nicht zu lange in Beschlag nehmen, er will sicher auch irgendwann mal Feierabend machen ...«

»Aber um Himmels willen, nein«, rief Mirko. »Machen Sie sich da bitte keine Gedanken, verehrte gnädige Frau. Und natürlich kann Ihr Neffe gern noch ein Scheeks ... wenn Sie bitte so freundlich ...« Er sah die Kellnerin an, die eben die neue Verkostungsrunde auf den Tisch stellte. Die streckte die Hand nach Eckis Flasche aus.

»Finger weg!«, brüllte er und schlug nach ihr.

Sie zuckte zurück, warf Mirko einen Hilfe suchenden Blick zu.

»Schon gut«, murmelte der. »Lassen Sie nur, alles bestens.«

Blödes Arschloch, dachte Ecki, denn nichts war bestens, aber das würde Mirko schon selbst merken. Wenn das hier erledigt war, dann hatte es sich nämlich mit Flusskreuzfahrt und Biervertrag. Ecki würde den ganzen Schmonzes verkaufen, so schnell wie möglich, sich dann ein schönes Leben machen, um sich von all den schrecklichen Tilla-Jahren zu erholen. Ja, Mirko würde sich wundern, dachte er, während er das kostbar präparierte Bier mit der linken Hand umklammerte, mit der rechten nach einer frischen Flasche angelte, um sich einen großen Schluck Konzentration zu genehmigen.

»Nun ein persönlicher Favorit von mir ...«, hob der nichtsahnende Mirko wieder an. »Der helle Bock!«

Ecki rülpste.

Der Vertriebsleiter würdigte ihn nicht einmal mehr eines Blickes, sondern redete einfach weiter. »Elegante Hopfennote, harmonisch und kräftig, mit ausdrucksstarkem Charakter. Beachten Sie die Farbe, diesen Bernsteinton ...«

»Oh, wunderschön«, hauchte Tilla. »Aber bitte – ich denke, wir können den offiziellen Teil nun beenden.«

»Oh!« Mirko wurde blass. »Oh, natürlich, ich ... ich meine ... entschuldigen Sie, ich hoffe, ich habe Sie nicht ...«

»Nein, aber nein! Bitte, machen Sie sich keine Sorgen. Es ist nur ... also, offen gestanden habe ich schon einen kleinen Schwips. Ich bin auf allen Ebenen beeindruckt, ja, überzeugt. Lassen Sie uns diesen gewiss fantastischen Bock nutzen, um auf eine gute zukünftige Zusammenarbeit anzustoßen.«

Mirkos Strahlen kehrte zurück. Heller als die Sonne, heller als alle Sterne, ein fast obszönes Strahlen, dachte Ecki, trank das restliche Bier und rülpste erneut.

»Auf gute Zusammenarbeit«, juchzte Mirko derweil. »Ich

verspreche, Sie und Ihre Gäste werden nicht enttäuscht sein. Das sollten wir feiern.«

Tilla nickte eifrig. »Ja, das sollten wir.« Sie senkte den Blick und errötete leicht. »Und ach, was soll's, wenn wir beim Feiern sind, dann nehmen wir doch alles mit. Ich habe nämlich heute Geburtstag.«

»Verdammte Scheiße!«, entfuhr es Ecki.

»Darum freue ich mich auch so, dass mein Neffe da ist, dass wir das Angenehme mit dem Nützlichen verbinden. Ich hoffe, Sie sind mir nicht böse, mein lieber Mirko?«

»Aber meine liebe, gnädige Frau! Ganz und gar nicht! Und ich gratuliere natürlich von Herzen …«

Tilla, verdammte Tilla. So typisch. Jedes Jahr tat sie das. Geburtstag haben. Und so tun, als störe es sie nicht im Geringsten, dass Ecki nicht daran dachte. Und dann rächte sie sich immer wieder. Wenn er Geburtstag hatte nämlich, dann organisierte sie Überraschungspartys, Torten und Geschenke. So unfassbar passiv-aggressiv, verdammte Tilla!

Ecki hob die Flasche, eine der Flaschen, warum hatte er eigentlich eine leere und eine volle in den Händen? Er trank, das Bier war schon ziemlich warm. Warum hielt er es auch die ganze Zeit fest? Und dann noch mit links? Er schmeckte den Hopfen auf der Zunge, geballte Konzentration, dann fiel es ihm ein.

Eilig spuckte er das, was er noch nicht geschluckt hatte, zurück in die Flasche und erntete wieder so einen Blick von Mirko, aber damit konnte er sich nun wirklich nicht aufhalten, nicht in diesem Moment kostbarer Konzentration. Er rülpste erneut, satt und voll, horchte hoffnungsvoll in sich hinein – und da war sie, die nächste rettende Idee.

»Tante Tilla!« Ecki erhob sich schwankend. »Ich habe ein Geschenk für dich!« Er sah sie triumphierend an, reichte ihr dann die Bierflasche.

»Oh Ecki«, hauchte Tilla. »Oh, mein Lieber, das wäre doch nicht nötig gewesen!«

»Aber ...« Mirko klang ein bisschen fassungslos. »Was tun Sie denn da?« Er starrte angeekelt auf die Flasche, die sich nun in Tillas Hand befand.

»Ich schenke meiner Tante das Bier, das sie eben so lustig und lecker fand. Was dagegen?«

»Nein, natürlich nicht«, stammelte Mirko. »Aber vielleicht sollten wir ein frisches ... Ich meine, es ist doch gewiss schon ein bisschen ... abgestanden.«

»Nein!«, sagte Ecki.

»Nein«, sagte auch Tilla. »Das ist sehr freundlich von Ihnen, aber ich weiß die Geste zu schätzen. Und ich möchte genau dieses Scheeks trinken, das mein geliebter Neffe mir geschenkt hat.« Sie schniefte leise und griff nach ihrem Glas.

»Aus der Flasche«, forderte Ecki. Geschmack- und geruchlos, erinnerte er sich, von Farbe war nicht die Rede gewesen. »Gläser sind für Weichduscher ... äh, Warmeier ...« Ecki stutzte, rülpste, dann vollendete er: »Warmduscher!«

Tilla lachte entzückt. »Ach, der Ecki, immer so unkonventionell.« Sie schniefte. »Entschuldigen Sie«, sagte sie zu Mirko. »Geburtstag und Bier, das macht mich rührselig. Ich muss kurz etwas persönlich werden. Und mich entschuldigen bei Ecki. Wir hatten Streit, wissen Sie? Ich habe mich unmöglich benommen. Weil ich so überwältigt war von Trauer. Wegen Basti, meinem Basti, wie er dalag, mausetot.« Sie schluchzte auf.

Verdammte Tilla, dachte Ecki, typisch, musste sie jetzt wieder mit dem blöden Basti anfangen? Alles durcheinanderbringen mit ihrem Psychokram? Aber nicht mit ihm, nicht mit Ecki!

»Tante Tilla!«, sprach er also bedächtig. »Wohl drüber! Und auf dein Schwamm!« Er wollte nach seinem Bier greifen, aber leider hatte er ja keins mehr, verdammt.

»Ecki, du hast so ein großes Herz«, schluchzte Tilla, setzte die Flasche an, ließ sie dann wieder sinken. »Aber du hast ja gar nichts zu trinken, mein Armer!«

»Macht nix«, keuchte Ecki, obwohl es ihm durchaus etwas machte. Aber jetzt nicht, dachte er, krallte sich an die kläglichen Reste der Konzentration. Es war doch so gut wie geschafft!

»Aber liebe, gnädige Frau, nun weinen Sie doch nicht«, fiel ihm prompt auch noch Mirko in den Rücken. Er hatte nach Tillas Hand gegriffen, drückte sie. »Es tut mir so leid. Wegen Basti, ich meine, einen geliebten Menschen zu verlieren ...«

»O bitte, nein«, schluchzte Tilla. »Das ist es ja. Ich bin so eine alberne alte Frau. Er war kein Mensch, nur ein dummer, kleiner Wellensittich. Mein verstorbener Gatte hat ihn mir geschenkt und ihm das Sprechen beigebracht, auf seinem Krankenbett. ›Süße, süße Tilla‹, hat der Basti immer gesagt, ich habe sehr an ihm gehangen.« Sie schniefte, der Vertriebsleiter reichte ihr ein Taschentuch.

Ecki nutzte die Gelegenheit und angelte sich Mirkos Bierflasche. Ein Schluck Konzentration schien ihm unerlässlich.

»Aber Ecki hat es nur gut gemeint«, schluchzte Tilla gnadenlos weiter. »Es ist nicht gut, einen Vogel einzusperren. Freiheit ist Ecki so ein hohes Gut. Und natürlich kann er nichts dafür, dass Basti ... also, dass die Krähen ... Ich meine, es ist nicht deine Schuld, Ecki, vergiss, was ich gesagt habe.«

»Ich verzeihe dir«, erklärte Ecki eilig. »Prost, Tilla, darauf trinken wir!« Er hob die Flasche, nahm einen Schluck. Tilla schnäuzte sich. »Gleich, mein Lieber, ich muss noch ... ich muss dir noch etwas gestehen. Ich habe etwas furchtbar Dummes getan. Ich wollte es dir eigentlich gar nicht sagen, aber ich möchte nicht, dass eine solche Lüge zwischen uns steht.«

Ecki starrte sie an. Es kostete ihn Mühe, nicht über den

Tisch zu springen und sie einfach zu erwürgen. Verdammte Tilla, konnte sie es nie, nie gut sein lassen?

»Ich war beim Notar«, hauchte sie. »Ich war außer mir, nicht Herrin meiner Sinne. Ich habe dich enterbt. Ich bin ein schrecklicher Mensch. Und ich mache das natürlich rückgängig, gleich morgen. Ich kann nur hoffen, dass du mir vergeben kannst.«

»Ja sicher«, lallte Ecki, trank einen Schluck und rülpste. »Prost«, sagte er gerade, als die Bierkonzentration den Sinn ihrer Worte in sein Gehirn transportierte. »Was?«, brüllte er. »Du hast was?«

»Verzeih mir«, hauchte Tilla. »Ich trinke auf dich, Ecki. Mein Ein und Alles!« Sie setzte die Flasche an den Mund.

»Nein!« Ecki wusste selbst nicht genau, wie er es schaffte, so schnell vom Stuhl hochzukommen. »Verdammte Tilla!«, brüllte er, während er auf sie zustürzte.

Im Eifer des Gefechts vergaß er Mirko, der die Situation natürlich grundlegend missverstand. Er grätschte Ecki elegant zwischen die Beine, der taumelte, strauchelte, stürzte und knallte mit dem Kopf gegen den Kachelofen.

Er hörte Tilla kreischen: »Was haben Sie getan, Sie Ungeheuer, Sie haben ihm wehgetan, o Gott, mein armer Ecki!«

Und dann wurde alles dunkel.

Als er wieder zu sich kam, war Ecki sauer. Das war nicht weiter verwunderlich, denn Ecki war immer sauer, wenn Tante Tilla in der Nähe war. Und das war sie, sehr nah sogar, sie kauerte neben ihm auf dem Boden, hatte seinen Kopf in ihren Schoß gebettet. Das war ein Problem, denn wenn Ecki sauer war, konnte er sich nicht gut konzentrieren. Konzentration allerdings brauchte es, jetzt und hier am Kachelofen in der Landsberger Brauerstube, auch wenn er sich gerade nicht erinnern konnte, warum.

»O Gott, Ecki, du lebst!« Tilla schluchzte auf.

Obacht, dachte Ecki. »Bier«, krächzte er, denn wenn es irgendetwas gab, das Eckis Konzentration auf die Sprünge half, dann war es Bier. Er griff nach der Flasche, die Tilla ihm hinhielt, trank einen Schluck, dann noch einen.

Obacht, mahnte das Bier in seinem Kopf. Man musste bei Tilla aufpassen wie ein Schießhund.

Das Bier war lauwarm, abgestanden und hatte einen sonderbaren Beigeschmack. Ecki rülpste, trank dann den Rest.

Und es wirkte. Da war sie. Die Konzentration.

Verdammte Tilla, dachte Ecki noch. Dann nichts mehr.

Frank Schlößer

Sollbruchstelle

Landgericht Halle

»Hoppla.« Nein, das hatte Kommissar Martins nicht nur gedacht. Das hatte er laut gesagt, als der Mann an dem Geländer in der ersten Etage des Landgerichtes Halle vorübergefallen war – kaum eine Armlänge von ihm entfernt. In den Klang dieses Wortes hatte sich der dumpfe Aufprall eines Körpers und ein Knacken gemischt. Das alles hallte sehr fremd durch dieses Treppenhaus. So wie auch das intensive Rot der Pfütze einigermaßen unpassend mit dem freundlichen hellen Rotbraun der Treppenstufen kontrastierte. Die Lache breitete sich unter dem Kopf des Sterbenden aus. Anfangs sehr schnell, aber schon nach ein paar Sekunden ließ der Druck nach, das Blut bildete einen vollkommenen Kreis – und dabei blieb es auch. Der Kopf lag auf der ersten Stufe, zu weit zur Seite verdreht. Der Körper lag – auf dem Rücken – dort, wo noch vor ein paar Wochen der Weihnachtsbaum des Landgerichtes gestanden hatte. Irgendwie schienen Kopf und Körper nicht mehr zusammenzugehören.

Gottes Sollbruchstelle, dachte Kommissar Martins. Seit seiner Jugend hatte ihn dieser Punkt zwischen den beiden Halswirbeln Atlas und Axes fasziniert. Dreihundert Millisekunden. Ein Blitz im Hirn. Aus. Immer, wenn er irgendwo einen Stecker zog, flog ihn dieses Bild an. Wenn er den Staubsauger nicht vorher abstellte, konnte er ihn sogar sehen, den kleinen Abrissfunken. Und das hier: Nach einem Fall aus zwanzig Metern Höhe so perfekt, so endgültig auf der Kante aufzuschlagen – Hut ab!

Es war so still, dass man den Fahrstuhl hören konnte. Die Zeiger der schönen Uhr im Treppenhaus standen auf halb drei. Das Piepsen der Sicherheitsschleuse unterbrach die spontane Andacht, ein allgemeines Stöhnen war zu hören – wiederum unpassend für diese Umgebung aus verspielter Gründerzeitornamentik in freundlichen Pastelltönen. Zusammen mit diesem Farbenspiel hatte die Jugendstilmischung aus Klassizismus, Romanik, Barock und viktorianischen Elementen dem imposanten Gebäude des Landgerichtes nach seiner aufwendigen Restaurierung bei den Hallensern schnell den Kosenamen ›Villa Kunterbunt‹ eingebracht. Ein Name, der zu einer Heiterkeit verführte, die den täglichen Verhandlungen über Mord, Totschlag und sexuellen Missbrauch unversöhnlich gegenüberstand. Schließlich stand über dem Portal in goldenen Buchstaben *Recht muss Recht bleiben.* Und nicht *Ich mach' mir die Welt, wie sie mir gefällt.*

Inmitten dieser Heiterkeit war Ingenieur Karl-Heinz Kluge offensichtlich an seinem Ende angelangt. Bisschen plötzlich, aber nicht ohne Stil. Mit verrutschtem Toupet, dafür aber in Schlips und Dreiteiler. Die Wachleute der Sicherheitsschleuse waren inzwischen aus der Schockstarre erwacht. Sie beugten sich über die werdende Leiche, schüttelten die Köpfe. Dann ging einer von ihnen zum Telefon. »Ja, hier ist der Wachschutz des Landgerichtes Halle. Wir haben einen Toten, es hat einen Unfall gegeben.«

›Unfall‹. Es war dieses Wort, das Kommissar Martins zurückholte. Wie die anderen Leute im Treppenhaus hatte er über das hübsche Geländer mit den Blumenranken nach unten geblickt und dem Ingenieur beim Sterben zugesehen. Aber hatte auch jemand bemerkt, was sich in den Sekunden davor in der Etage über ihm abgespielt hatte?

»Unfall.«

Das klang ungläubig. Martins blickte hinüber. Die dunkelblonde Frau mit dem langen, aufgesteckten Haar schüttelte leicht den Kopf. Sie war groß genug, um seinen fragenden Blick geradeheraus auffangen zu können.

»Kluge ist ...« Sie schluckte. »Kluge war viel zu klein, um aus Versehen über das Geländer fallen zu können.«

»Sie kennen ihn?«

Schlagartig war Martins im Ermittlermodus, die Aussage gegen den Haschischdealer war vergessen. Martins hatte sich diesmal selbst zum Landgericht bequemt, um als Ermittler in der Verhandlung wenigstens eine belastbare Zeugenaussage beizusteuern. Kleckerkram. Dagegen diese handfeste Leiche dort unten, dieses Gespräch, diese attraktive Zeugin. Nur eine Minute nach dem ... ja was, Mord? Selbstmord? Oder doch Unfall? Martins entschloss sich, die Zeugenbefragung im Nachhinein noch mit einer ordentlichen Einleitung zu versehen.

»Entschuldigen Sie. Ich bin Kommissar Martins, eigentlich Abteilung Drogendelikte.«

»Ich weiß«, sagte die Zeugin lächelnd. »Ich bin Angela Hambacker, die Geschäftsleiterin des Amtsgerichtes.«

Er versuchte ein paar Floskeln. Dass ihm ihr Gesicht doch irgendwoher bekannt gewesen sei ... Das freundlich-herablassende Lächeln von Angela Hambacker ließ ihn verstummen.

Von draußen waren Polizeisirenen zu hören, dann quietschten die Bremsen, vier Kollegen begannen, den Tatort zu sichern. Einer der Wachleute holte ein Tischtuch aus der Cafeteria und deckte die Leiche zu. Da kam Bewegung in die Leute auf den Treppen, das Haus begann zu raunen und zu wispern. Die Starre löste sich, das weiße Tuch hatte den toten Menschen endlich zu einer Leiche gemacht, aus dem Schock war ein Problem geworden.

»Kommen Sie«, sagte Angela Hambacker nur.

Sie gingen nach unten, Kommissar Martins wies sich aus. Die Geschäftsleiterin trug den drei Wachleuten auf, die Ausgänge zu besetzen – den Haupteingang zum Hansering, den Hintereingang zum Parkplatz im Hof, den Seiteneingang in die Rathausstraße.

Martins sparte sich den Blick unter das Tuch. Davon waren keine Erkenntnisse zu erwarten. Ob die Spurensicherung etwas finden würde, was bei der Entscheidung zwischen Mord und Selbstmord helfen könnte, war ebenfalls fraglich.

Er zog sein Handy aus der Tasche, um seine Assistentin anzurufen: Paula würde sicher froh darüber sein, ihn endlich mal bei einem akuten, wirklich wichtigen Fall unterstützen zu können. Er schickte ihr eine SMS: *Toter in der Villa Kunterbunt. Komm sofort her.*

Die Antwort ließ nur Sekunden auf sich warten: *Bin unterwegs.* Paula war schlank, stark, schwarzhaarig, erst fünfundzwanzig – und immer online.

Er wandte sich wieder Angela Hambacker zu. Die wies mit einem Kopfnicken auf einen blassen, schmalen Mann in altmodischem – oder schon wieder modischem – Tweed, der versuchte, seine Aktentasche mit den Knien festzuhalten, während er sich mit zitternden Fingern eine Zigarette aus der Packung angelte.

»Der wird ihnen was erzählen können«, sagte die Geschäftsführerin. »Das ist Emanuel Bacher, Kluges Anwalt.«

Martins nickte. Als Bacher auch das Feuerzeug gefunden hatte, fing er den Blick des Wachmannes auf. Ein leichtes Kopfschütteln reichte aus. Der Anwalt stöhnte leise und steckte das Feuerzeug wieder ein. Da trat Martins auf ihn zu, sprach ihn mit seinem Namen an und stellte sich vor.

»Kommen Sie, Herr Bacher, wir gehen raus zum Aschenbecher. Da können wir uns unterhalten.«

Bacher lächelte dankbar, Martins schob seinen Zeugen am

Wachmann und den Polizisten vorbei. Inzwischen war auch ein Rettungswagen eingetroffen. Aber für die Sanitäter gab es nichts weiter zu tun, als auf den Arzt zu warten, der den unnatürlichen Tod Karl-Heinz Kluges festzustellen hatte.

Bacher atmete tief durch und bot Martins eine Zigarette an. Der lehnte ab. Und wartete, bis der Anwalt die erste Wolke Rauch in die kühle, trockene Winterluft geblasen hatte.

»Was hatten Sie heute zu verhandeln?«

»Nichts Weltbewegendes. Schadensersatz, fünfzehntausend Euro Streitwert. Eine sichere Sache für Kluge.«

»Wo waren Sie, als ...«

»Ich?« antwortete Bacher erschrocken. »Ich bin doch nicht ...« Der Anwalt zog an der Zigarette. Seine Finger zitterten. Er zwang sich zur Ruhe. »Ich war schon im Verhandlungssaal. Habe mit dem Richter gesprochen. Ich kam erst ins Treppenhaus als ... es schon passiert war.« Bacher blickte nachdenklich hinüber zum Fahnenmonument für die Opfer des Faschismus. Dann schüttelte er den Kopf. »Ich weiß gar nicht, was Kluge da oben wollte. Der Gerichtssaal liegt im ersten Stock.«

»Dann muss er extra nach oben gegangen sein, um sich ...«

»Selbstmord?«, fragte Bacher zurück. Er überlegte kurz. Wieder schüttelte er den Kopf. »Nein. Nicht Kluge, dafür ist er nicht der Typ. Und heute schon gar nicht. Der hatte schon ganz andere Prozesse hinter sich. Das ist ... war ein sicheres Ding für ihn. Und für mich.«

»Worum ging es?

»Komische Sache. Jemand hatte ihn auf Schadensersatz verklagt. Wir haben kaum etwas über die Gegenseite herausfinden können. Eigentlich ging es eher um Rufschädigung. Daraus hat die Gegenseite einen Streitwert konstruiert – völlig abwegig. Als ob ein Gericht heutzutage noch über so etwas wie Berufsehre entscheiden würde.«

Kommissar Martins blickte den Anwalt bohrend an – mit seinem Vernehmerblick. »Geht es vielleicht konkreter?«

»Der Ingenieur hatte ein neues Dampfbügeleisen konstruiert, seine Firma hatte die Pläne an Kluge weitergegeben. Zur Optimierung. Das liegt alles schon Jahre zurück. Vor einem Jahr kam dann diese Klage. Alles völlig haltlos. Für so etwas gibt es keine Gesetze. Da geht kein Richter mit. Hat mich schon gewundert, dass die Klage nicht abgewiesen wurde.«

Auf der gegenüberliegenden Straßenseite hielt ein Polizeiauto mit quietschenden Bremsen, Paula winkte, schaltete die Warnblinkanlage ein und kam herüber. »Sie stehen hier und rauchen?«, fragte sie einigermaßen entgeistert.

»Ich rauche nicht, Kollegin, nur mein Zeuge. Das ist eine erste Vernehmung«, sagte Martins. »Drinnen liegt ...«

»Ich weiß Bescheid«, unterbrach ihn Paula. »Habe den Funk mitgehört.«

Bacher musterte Paula mit ungeniertem Entzücken, zog mit großer Geste ein silbernes Etui hervor, ließ es effektvoll aufschnappen und bot ihr eine Zigarette an. Paula blickte lässig durch ihn hindurch.

Wie schnell doch das Leben wieder in seine Bahnen findet, dachte Martins, innerlich den Kopf schüttelnd über so viel Unverfrorenheit.

»Sie scheinen vom Tod ihres Klienten nicht sehr beeindruckt zu sein«, sagte er kühl zu Bacher.

Der bekam jetzt doch rote Ohren. »Na ja. War halt nicht so sympathisch, der Kluge. Aber er hatte immer mal einen Fall für mich, nicht schlecht bezahlt. Hat merkwürdig viel Umsatz gemacht mit seinem kleinen Büro.«

»Ein Büro?«, fragte Paula dazwischen. »Was für ein Büro?«

»IfP Halle. Das Institut für Produktoptimierung«, antwortete Bacher lächelnd.

»Wo ist das?«

»Halle Ost, Bürohaus Externa in der Fiete-Schulze-Straße 12b, zweiter Stock. Unten steht das Firmenschild dran«, antwortete Bacher brav. »Darf ich Sie hinfahren?«

Paula atmete genervt aus und verdrehte die Augen in Richtung des Kommissars.

Martins verstand. »Ich bin sicher, wir finden den Weg alleine«, beendete er das einseitige Techtelmechtel.

Paula nickte. »Ich fahre hin. Wir telefonieren.«

Schon raste sie im Polizeiauto davon. Martins schickte ihr noch einen Streifenwagen hinterher. Für eine junge Frau in Zivil war es nicht einfach, sich ohne Durchsuchungsbefehl Eintritt zu privaten Räumen zu verschaffen, da könnte die Anwesenheit von zwei Beamten in Uniform hilfreich sein.

Bacher hatte seine Zigarette ausgedrückt. Er blickte Martins fragend an.

»Wir gehen wieder rein«, antwortete der Kommissar. »Sie bleiben selbstverständlich hier.«

Der Anwalt nickte.

Im Treppenhaus war die Spurensicherung bei der Arbeit. Aber die Kollegen konnten nur ein paar Fotos machen. Kluge hatte keine anderen Verletzungen als die, die er sich beim Sturz zugezogen hatte. Vielversprechender schien da die Untersuchung der Stelle zu sein, von der der Ingenieur heruntergefallen war. Dort oben auf der dritten Empore des Treppenhauses, in rund zwanzig Metern Höhe, traf Martins auch Angela Hambacker wieder.

»Was gefunden?«, fragte er.

»Hier nicht«, sagte sie. »War auch nicht zu erwarten. Aber der Sicherheitsdienst hat den Mord auf Video.« Sie deutete auf die Glaskugel an der Decke des Ganges. »Es waren drei Männer. Sie haben mehr als nachgeholfen.« Einen Augenblick genoss sie Kommissar Martins' Gesichtsausdruck. Dann sagte sie: »Kommen Sie, ich zeige es Ihnen.«

Auf dem Bildschirm in ihrem Büro war das Sicherheitsprogramm noch geöffnet. Die drei Männer hatten Karl-Heinz Kluge bereits in ihrer Mitte, als sie ins Bild traten, sie waren offenbar mit ihm im Fahrstuhl bis ganz nach oben gefahren. Sie schienen ruhig mit ihm zu reden, er wirkte nicht aufgeregt. Dann ging alles sehr schnell: Einer hielt dem Ingenieur den Mund zu, die anderen packten zu. Kaum eine Sekunde später hatten sie Kluge über den doppelten Handlauf gehoben. Und fallen gelassen. Sie blickten ihm nicht einmal nach, gingen zum Fahrstuhl zurück, dessen Tür noch offen stand. Und fuhren offenbar hinunter. Es waren ältere Herren in dunklen Anzügen.

Mit Krawatten.

Mit ordentlichen Frisuren.

Mit entschlossenen Bewegungen.

»Die sind natürlich über alle Berge«, sagte Angela Hambacker in die Stille.

»Egal«, erwiderte der erwachende Martins. Er griff zum Handy, wählte eine Nummer. Großfahndung. Halle-Zentrum. Herren in dunklen Anzügen. Flüchtig nach einem gemeinschaftlichen Mord im Landgericht. »Ich schicke euch gleich den Film der Überwachungskameras für die Identifizierung zu«, schloss Martins.

Angela Hambacker hatte die entscheidende Sequenz bereits ausgeschnitten und über das Intranet der Justiz weitergeleitet.

»Versteh ich nicht«, sagte Martins. »Die kriegen wir sofort. Die müssen doch wissen, dass es hier Überwachungskameras gibt.«

Sein Handy klingelte. Paula war dran.

»Was gefunden?«

»Drei Drohbriefe. Im Abstand eines halben Jahres. Der letzte kam vor drei Wochen. Kluge solle seine Machenschaften unterlassen, sonst würde man ihn – im ersten Brief – neutralisieren, im zweiten Brief exekutieren, im dritten Brief kaltmachen. Offensichtlich wurden ihm auch schon mal die Reifen zerstochen. Unterschrieben ist immer mit *MiG*. Großes M, kleines i, großes G.«

»Sie haben die Briefe angefasst?«

»Ja, Chef. Mit Handschuhen. Und vorsichtig eingetütet.« Paula klang genervt.

»Schon gut. Aber was hat Kluge in seinem Institut für Produktoptimierung getrieben?«

»Weiß ich nicht«, antwortete Paula. »Seine Sekretärin sagte nur, das habe sie kommen sehen, und hat mir diese drei Drohungen in die Hand gedrückt. Sie konnte Kluge offensichtlich nicht besonders gut leiden.«

»Kann sie reden?«, fragte Martins.

»Glaub schon«, antwortete Paula. »Ich stelle mal den Lautsprecher an.«

Es meldete sich eine tiefe, durchaus erotische Frauenstimme. »Ja, hier Melzer, Institut für Produktoptimierung. Was kann ich für Sie tun?«

»Kommissar Martins hier. Frau Melzer, Sie wissen, was gerade im Landgericht passiert ist?«, fragte er vorsichtig.

»Ich hörte, dass Kluge von der obersten Etage durch die Villa Kunterbunt geplumpst ist. War er gleich tot? Ist es sehr eklig? Ist doch so schön dort!«

»Es, ähm, es hält sich im Rahmen«, antwortete Martins, immer noch um einen Beileidstonfall bemüht, der jedoch offenbar nicht nötig war.

Angela Hambacher musste jetzt doch lächeln. Sie hatte mitgehört.

»Frau Melzer, haben Sie eine Idee, wer das getan haben könnte? Hatte Herr Kluge Feinde?«

Ein bitteres Lachen erklang. »Jede Menge! Wenn Kluge

weniger als drei Prozesse gleichzeitig führte, dann schlief er schlecht.«

Martins gab seine Zurückhaltung auf: »Bitte fahren Sie mit meiner Assistentin zurück zum Landgericht. Ich muss Sie persönlich befragen.«

»Wenn Sie das sagen«, kam die Antwort. »Bis gleich!«

Ein paar Minuten später war klar, dass die drei Herren in Schwarz nicht aus dem Gebäude geflohen waren. Keine der äußeren Überwachungskameras hatte sie nach dem Mord erfasst, kein Auto hatte den Parkplatz verlassen.

Martins griff zum Telefon, blies die Großfahndung im Stadtgebiet wieder ab und beorderte die Streifenwagen zur Villa Kunterbunt. »Alles durchsuchen. Oben anfangen. Ja, das ganze Gebäude. Raum für Raum.« Der Kommissar blickte zu Angela Hambacker. »Die Geschäftsleiterin gibt die Gebäudepläne heraus.«

Sie antwortete mit einem Nicken.

»Nein, wahrscheinlich nicht bewaffnet.«

Inzwischen war ein Wachmann hinzugetreten. Als er sah, dass Martins telefonierte, reichte er die drei Ausdrucke mit Ausweiskopien an Angela Hambacker weiter. »Das sind sie.«

»Schmidt, Schulze, Meier? Das klingt nach einem Scherz.«

Der Wachmann nickte: »Die Polizei hat keine der drei Personen im Rechner. Die Adressen existieren nicht. Die Ausweise waren gefälscht.«

»Das haben Sie nicht bemerkt?«, fragte Angela Hambacker.

Der Wachmann schüttelte den Kopf. »Uns ist nichts Ungewöhnliches aufgefallen. Auch nicht unter dem Schwarzlicht. Das müssen gute Fälschungen gewesen sein.«

»Und die drei?«

»Sehen Sie den Zeitindex dort? Sie kamen nicht zusammen, sondern ordentlich im Abstand von dreißig Minuten. Immer war ein anderer Kollege an der Schleuse.«

»Alles gut geplant«, mischte sich Kommissar Martins ein. »Wo stecken die drei nur?«

Die Tür ging auf, Paula schob eine Frau herein.

»Guten Tag«, sagte die nur.

Kommissar Martins und Angela Hambacker mussten lächeln. Natürlich, es war die Frau mit der tiefen, erotischen Stimme. Aber diese Ausstrahlung beschränkte sich auf ihr Timbre. Hildegard Melzer sah aus wie jemand, der seit etlichen Jahrzehnten täglich zwei Schachteln Zigaretten benötigt: fahle Haut, gelbe Zähne, schwarz gefärbtes Haar und dazu schreiend bunte Gelnägel auf den nikotingelben Fingern.

»Nehmen Sie Platz«, sagte Angela Hambacker und rückte einen Stuhl an die schmale Seite ihres Schreibtisches.

Paula reichte die Drohbriefe herüber, sie waren auf dem Computer geschrieben worden. Danach waren sie – offensichtlich mit Absicht – mehrmals schlecht kopiert worden. Karl-Heinz Kluge wurde jedes Mal förmlich und höflich angeredet, schon im ersten Brief wurde jedoch in gesetzten Worten unmissverständlich klargestellt, dass es um nicht weniger ging als eine Todesdrohung für den Fall, dass das Institut für Produktoptimierung seine Tätigkeit nicht baldmöglichst einstellen würde. Alle drei Briefe waren mit *Hochachtungsvoll* unterzeichnet worden und dann folgten – ebenfalls in einer nüchternen Computerschrift – die drei Buchstaben *MiG*.

Eins machte Kommissar Martins stutzig: Im zweiten Brief war angedroht worden, dass man sich genötigt sähe, die Todesdrohung mit einer *handfesten Warnung in Form eines fliegenden Pflastersteins* bekräftigen zu müssen.

»Dieser Pflasterstein ...?«, fragte Kommissar Martins in Richtung von Hildegard Melzer.

Die nickte. »Der kam vor fünf Monaten durchs Fenster. Flog knapp an Herrn Kluge vorbei, die Glasscherben verpassten ihm einen Schnitt an der Hand.«

»Gab es keine Anzeige?«, fragte der Kommissar.

Frau Melzer schüttelte den Kopf.

»Womit verdiente Herr Kluge sein Geld?«, fragte Martins – mit Vernehmerblick. »Was ist Produktoptimierung?«

Hildegard Melzer kramte, scheinbar gedankenverloren, in ihrer Handtasche, zog eine Schachtel Zigaretten heraus und blickte Angela Hambacker fragend an. Die nickte nur und öffnete das Fenster. Frau Melzer lehnte sich ans Fensterbrett, zündete die Zigarette an und blies den Qualm hinaus. »Das weiß ich nicht. Ich mache nur die Buchhaltung. Es muss sich jedenfalls lohnen. ›Verdienen‹ ist das falsche Wort. Im vergangenen Jahr machte er runde zwei Millionen Euro.«

»Umsatz?«

Frau Melzer schüttelte den Kopf.

»Kluge machte keinen Umsatz, der machte nur Gewinn.«

»Haben Sie eine Idee, wer MiG ist?«

Sie zuckte mit den Schultern. »Ich weiß nur, dass es diese Flugzeuge gibt. Und ...«

»Und was?«

Frau Melzer zog bedeutungsvoll an der Zigarette. »Dass Kluge zur Wendezeit nicht im Lande war. Er war kurz nach seinem Studium 1988 nach Moskau delegiert worden. Für ein Jahr. Aber als hier alles drunter und drüber ging, blieb er bis 1992.«

»Und Sie vermuten, dass er mit diesen russischen Flugzeugkonstrukteuren zusammengearbeitet hat?«

Frau Melzer zuckte die Schultern. »Na ja, die sitzen in Moskau. Aber das muss ja nichts heißen. Einmal wollte ich ihn fragen. Vor fünf Jahren habe ich bei ihm angefangen. Er hat mich in den *Scotch-Club* mitgenommen und mir von den Moskauer Nachtklubs vorgeschwärmt. Da kam ich überhaupt erst drauf, dass er für ein paar Jahre dort war, und habe ihn natürlich gefragt, was er da gemacht hat. Er hat nur geheimnisvoll getan. Und manchmal kamen Anrufe aus Moskau. Sie fragten auf Deutsch, ob sie ›Kalcheinz‹ sprechen könnten. Wenn ich sie durchgestellt hatte, wurden meistens lange Telefonate geführt. Auf Russisch.«

Frau Melzer schwieg. Sehr bedeutungsvoll.

»Dieser Ausflug in den *Scotch-Club* – hatte der irgendwelche Folgen?«, fragte Martins.

Hildegard Melzer lachte, bis sie husten musste. »Das kann man so sagen. Seitdem wusste ich, dass duzen nicht angebracht war. Kluge war stinkreich, aber ansonsten ein armes Würstchen. Frauen sah der nur im *Eros-Center* neben dem *Scotch-Club.* Er war vollkommen beziehungsunfähig, eben ein Porschefahrer: Hatte einen Zweisitzer als Spielzeug, weil er niemals einen Kindersitz brauchen würde. Entweder war Kluge vor Moskau schon verkorkst oder er hat dort einen Knacks weggekriegt.«

Paula blickte zu Martins herüber. Auch Angela Hambacker schickte ihm einen vielsagenden Seitenblick. Der Kommissar verstand: Dieser Fall schien nicht nur eine Nummer zu groß zu werden für einen Beamten, der sich sonst mit Haschischdealern beschäftigte. Diesen Fall würde auch die Mordkommission Halle abgeben müssen. Das sah eher nach einem Fall für den Staatsschutz aus. Hochmoderne Jagdflugzeuge, internationaler Waffenhandel. Wenn der BND noch nicht mit drinhing, dann spätestens jetzt.

Prompt schien es loszugehen. Rufe hallten durch das Treppenhaus. Getrappel war zu hören. Es kam näher. Als ob das noch wichtig wäre, warf Hildegard Melzer ihre glimmende Zigarette auf den Hof und schloss das Fenster. Das SEK sollte sie wohl nicht bei einer verbotenen Raucherpause überraschen. Blicke schossen durch das Zimmer. Martins schob sein Jackett beiseite, wie es im Western die Revolverhelden kurz vor dem finalen Duell vor dem Saloon tun. Angela

Hambacker stand langsam auf, Paula drückte sich an den Aktenschrank.

Die Tür wurde aufgerissen. Der Küchenchef der Cafeteria stürzte ins Zimmer, er keuchte und blickte mit weit aufgerissenen Augen verständnislos um sich. Sein Blick fiel auf Kommissar Martins, Frau Melzer seufzte erleichtert. Paula lachte befreit auf. Doch das alles schien den Koch nur noch mehr zu verstören.

»Herr Hellmacher! Setzen Sie sich«, sagte Angela Hambacker und deutete auf einen Stuhl.

Doch Hellmacher schüttelte nur den hochroten Kopf. »Da sind zwei Männer in der Cafeteria. Ich glaube, sie sind tot.«

Der Anblick, der sich Kommissar Martins bot, war einigermaßen skurril. Die Toten lagen links und rechts neben einem Tisch auf dem Boden, ihre Hände waren über dem Bauch verschränkt. Es waren zwei Männer in dunklen Anzügen.

Mit Krawatten.

Mit ordentlichen Frisuren.

Mit entspannten Gesichtszügen.

Mit sehr entspannten Gesichtszügen.

Polizisten und Wachmänner standen links und rechts neben dem Eingang der Cafeteria. Durch das gläserne Dach konnte Martins sehen, dass auch dort oben drei Polizisten mit Maschinenpistolen Stellung bezogen hatten. Doch alle waren unschlüssig, was zu tun war. Denn am Tisch saß der dritte der drei Herren, in einem dunklen Anzug, mit einer bunten Micky-Maus-Krawatte und mit einer ordentlichen Frisur. Vor ihm lagen eine Mappe und eine SIG Sauer P239. Der Mann – übrigens ein wirklich alter Mann – schien weder von der hereinstürmenden Gruppe noch von den Polizisten beeindruckt. Er nippte an einem Glas Cola und schaute freundlich in die Runde. Kommissar Martins trat nach vorn, links neben ihm Paula, rechts neben ihm Angela Hambacker. Der Mann begrüßte sie mit einem Blick über sein erhobenes Glas hinweg.

»Frau Hambacker! Kommen Sie, nehmen Sie Platz. Ich erkläre es Ihnen.«

Kommissar Martins blickte die Geschäftsführerin an, die zuckte mit den Schultern.

»Ach, sind Sie der Ermittler? Dann kommen Sie dazu! Ist doch ein Aufwasch.«

Angela Hambacker blickte skeptisch auf die Waffe. Der Mann folgte ihrem Blick.

»Ach, die Pistole! Das ist nur eine Schreckschuss, ich kann gar nicht schießen.«

Der Mann nahm die Waffe filmreif am Lauf zwischen zwei Finger, legte sie auf den Boden und schob sie mit dem Fuß zu ihnen herüber.

Paula hob sie auf. »Ja, Schreckschuss«, bestätigte sie, ließ das Magazin aus dem Kolben gleiten und zog das Schloss zurück. »Nicht mal durchgeladen.«

Der Mann lächelte wieder, machte eine ›Na, was hab ich gesagt‹-Geste und bot beiden noch einmal die Stühle an. »Ich bitte Sie! Ich bin allein! Ihre Männer auf dem Dach haben mich im Visier!«

Kommissar Martins schaute sich um. Alles sah nach einem Treffen auf dem Präsentierteller aus. Der Mann war umstellt. Alle Fluchtwege waren besetzt. Das Jackett des Unbekannten hing über der Stuhllehne, sodass jeder sehen konnte, dass er keine Waffe trug. Und er saß mit dem Rücken zur Gerechtigkeit: Über ihm schwebten Schwert und Waage der Göttin mit der Augenbinde – allerdings nur imaginär, denn die Arme der Skulptur waren abgebrochen, ihr Gesicht war kaum erkennbar. Die Justitia hatte über ein Jahrhundert auf der Spitze des Landgerichtes ausgehalten, im sauren Leuna-

Regen. Bei der Sanierung hatte man sie – und ihre beiden Kolleginnen Veritas und Sapientia – durch neue Skulpturen ersetzt. Die alten Plastiken waren jedoch in ihrer Haltung und Größe immer noch eindrucksvoll genug, um in drei neoromanischen Nischen der Cafeteria des Landgerichtes Halle den klassischen Glanz der Antike zu versprühen.

Als Angela Hambacker und Kommissar Martins herangetreten waren, stand der Mann auf, verbeugte sich und stellte sich vor: »Mein Name ist Hans Meier. Ich freue mich. Frau Hambacker, Sie kenne ich bereits. Und Sie sind?«

Der Mann blickte Martins freundlich-fragend an.

»Ich bin Kommissar Martins, Kripo Halle. Und Sie sind bestimmt nicht Hans Meier.«

Sie setzten sich, der Kommissar zog demonstrativ seine P6 aus dem Gürtelhalfter und legte sie auf sein Bein.

Hans Meier registrierte die Aktion mit einem Schmunzeln.

Martins registrierte das Schmunzeln.

»Also: Wer sind Sie?«

»Herr Kommissar, Sie haben recht. Aber lassen Sie mir bitte vorerst das Pseudonym, Sie werden meinen richtigen Namen früh genug erfahren. Ich darf Sie zuerst mit diesen beiden Erklärungen vertraut machen.«

Hans Meier öffnete die Mappe und reichte jeweils ein Blatt an Angela Hambacker und Kommissar Martins. Die Erklärungen hatten den gleichen Wortlaut: Beide Unterzeichner versicherten, der Mord an Karl-Heinz Kluge sei zu dritt gemeinschaftlich zu gleichen Teilen geplant und ausgeführt worden. Anschließend hätten beide aus freien Stücken und ohne Beeinflussung den Freitod durch Gift gewählt, auch das sei bereits vor dem Mord an Karl-Heinz Kluge vereinbart worden. Handschriftlich waren das heutige Datum und der Ort festgehalten worden: *Landgericht Halle.* Vor beide Unterschriften war ein schwungvolles und stolzes *Dipl.-Ing.* gesetzt.

»Sie sehen: Ich bin übrig geblieben«, sagte Hans Meier. »Um Ihnen unsere Motive für diesen Mord zu erläutern. Obwohl ich mir nicht sicher bin, ob wir wirklich alle Kriterien für einen Mord erfüllen können. Ja, wir haben mit Vorsatz gehandelt, und natürlich haben wir die Tat so geplant, dass unser Opfer keine Chance hatte, sich zu wehren – alles andere wäre Pfusch gewesen.«

»Waren Sie auch Diplomingenieur?«

»Frau Hambacker, Sie enttäuschen mich! Ingenieur ist man ein Leben lang! Ich bin jetzt fast einundneunzig, Schulze war neunundachtzig und Schmidt dreiundneunzig. Ich habe Druckereimaschinen entworfen – Bogenoffset in Hochgeschwindigkeit, wenn Ihnen das was sagt. Wir haben seinerzeit die Digitalisierung vorbereitet ...«

»Und wer war Flugzeugkonstrukteur?«, fiel ihm Kommissar Martins ins Wort.

»Wieso Flugzeuge?«, fragte Hans Meier zurück.

»Jagdflugzeuge. Russische Jagdflugzeuge«, erläuterte Angela Hambacker

Hans Meier lachte. »Jetzt verstehe ich. Wegen der Buchstaben. MiG.«

»Sie lachen?«, fragte Kommissar Martins. Es war nicht leicht, den alten Ingenieur in die Zange zu nehmen. Meier war bemerkenswert fit für sein Alter und auch die beiden anderen Herren schienen sich gut gehalten zu haben – zumindest körperlich.

»MiG – das heißt in unserem Fall ›Made in Germany‹. Aber wir haben nichts dagegen, dass diese Verwechslung einen aggressiven Unterton mit sich bringt. Wenn wir kommen, ist genug geredet worden. Kennen Sie die GDI, die Gemeinschaft deutscher Ingenieure?«

Angela Hambacker schüttelte den Kopf, Kommissar Martins wollte seine Unkenntnis nicht zur Schau stellen. »Die Jungs und Mädchen da tun, was sie können. Aber mit Justitia kommt man nicht weit.« Meier deutete mit dem Daumen zu der Skulptur über sich. Natürlich war sein Sitzplatz nicht zufällig gewählt. »Die GDI hat Karl-Heinz Kluge rausgeschmissen. Mehr konnte er nicht tun. Kluge hat nicht aufgehört. Also hat MiG die Sache übernommen und diese Verhandlung eingefädelt. Es sollte diesmal schon spektakulär sein, eine Botschaft vermitteln. Und nicht wieder einfach wie ein Unfall aussehen. MiG hat schließlich einen Ruf zu verlieren. Wir sind der inoffizielle exekutive Arm der GDI. Aber sagen Sie es nicht weiter. Die Gemeinschaft wird natürlich abstreiten, jemals etwas von uns gehört zu haben ...«

»Jetzt reicht es: Herr Meier, hören Sie auf, uns hinzuhalten!« Angela Hambacker klopfte auf den Tisch. Die Polizisten, die immer noch im Raum standen, griffen nach den Waffen. Kommissar Martins machte eine beruhigende Geste.

»Jetzt mal Butter bei die Fische: Warum meinten Sie, dass Karl-Heinz Kluge es verdient hatte zu sterben? Weil er ein Arschloch war?«

»Bestimmt nicht! Auch wenn es zugegebenermaßen die Sache einfacher machte«, sagte Hans Meier lächelnd. »Wissen Sie, was Obsoleszenz ist?«

Davon hatte Martins schon gehört. »Wenn ein Hersteller in ein Produkt Sollbruchstellen einbaut?«

»Nicht ganz richtig«, antwortete der Ingenieur. »Sollbruchstellen werden wegen der Sicherheit konstruiert – zum Beispiel beim Flugzeugbau. Bei einer Notlandung sollen die Tragflächen so abbrechen, dass der Passagierraum heil bleibt. Nein, nein, Sollbruchstellen sind eine ehrenwerte ingenieurtechnische Leistung. Obsoleszenz dagegen nicht. Sie setzt einfach nur die Lebensdauer eines Produktes herab.«

»Also reden Sie schon: Was hat das mit Kluge zu tun?«

»Es tut mir leid, aber ich muss ein wenig ausholen, Herr

Kommissar«, sagte Hans Meier und nippte an seiner Cola. »Ein Ingenieur hat ein neues Dampfbügeleisen konstruiert. Eins, in dem sich die Dampflöcher nicht mehr zusetzen. Eins, das über die Hemden gleitet, dass es eine Lust ist. Es hat nur einen Fehler...«

»Es hält zu lange«, warf Angela Hambacker ein.

Hans Meier nickte. »Die Herstellerfirma verlangt also von seinem Entwickler, einen Fehler in das Produkt zu konstruieren, sodass es sich über die Garantiezeit hinweg unentbehrlich macht – und dann schnell kaputtgeht. Und natürlich nicht zu reparieren ist.«

»Muss der Ingenieur so etwas machen?«

»Eigentlich schon. Aber so läuft das nicht mehr«, erläuterte Hans Meier. »Die Hersteller haben erkannt, dass ihre Ingenieure die Lust verlieren, wenn sie die Obsoleszenz selbst in ihr Produkt hineinkonstruieren sollen. Also wird dieser unbequeme Job outgesourct.«

»An ein Institut für Produktoptimierung.«

»Genau das war Karl-Heinz Kluges Job«, sagte Hans Meier feierlich. »Er hat ein Schweinegeld damit verdient. Natürlich gehört dazu keine Ingenieurleistung. Seinen Titel brauchte er nur fürs Renommee.«

»Wie hat er das gemacht – zum Beispiel bei diesem Dampfbügeleisen?«, fragte Kommissar Martins.

»Das ist leicht: Beim Schalter wird Plastik verwendet, das nicht ganz hitzebeständig ist. Nach einer bestimmten Anzahl von Betriebsstunden wird der Schalter spröde. Und dann muss man nur noch dafür sorgen, dass niemand die Schrauben zum Öffnen findet. Und wenn er sie doch findet, kann er sie nicht rausdrehen, weil er dafür einen Spezialschraubenzieher braucht.«

»Jetzt ist mir auch klar, was die Melzer meinte: Kluge macht keinen Umsatz. Nur Gewinn.«

Hans Meier nickte. »Kluge musste kein Ingenieurtum investieren, kein Können, kein Wissen, keine Ideen. Er musste nur den Kopf hinhalten und kassieren. Das ist das Geschäftsmodell der Beraterfirmen. Die Chefs wissen, dass sie Leute entlassen müssen, wenn die Rendite steigen soll. Also holen sie sich eine dieser Beraterfirmen, die stellen scheinbar alles auf den Kopf und kommen dann – leider, leider – zu dem Ergebnis, dass Entlassungen nicht zu vermeiden sind, weil die Firma am Markt bestehen muss. Die Hersteller wissen, dass sie die Bügeleisen zum gleichen Preis so bauen könnten, dass sie lange halten würden und leicht reparierbar wären. Aber dann würden sie weniger Bügeleisen verkaufen. Also lassen sie jemand anders ihr Produkt kaputtkonstruieren. Gerade mit Plastik ist es ganz einfach: Plastik ist anfällig für Hitze und UV-Licht, man kann die Lebensdauer ziemlich genau steuern. Das heißt dann: Ein Produkt hat einen Lebenszyklus. Aber da ist kein Zyklus, da zirkuliert gar nichts.«

»Aber wieso ist das Ihr Problem?«, fragte Kommissar Martins. »So ist die Marktwirtschaft nun mal eingerichtet. Sie braucht den Verbrauch.«

Hans Meier lächelte. »Wir können jetzt gern grundsätzlich werden. Wer zerstört den Ethos der Ingenieure: Sind es Anti-Ingenieure wie Kluge oder ist es ein System, das von uns verlangt, Neuentwicklungen so zu bauen, dass sie verbraucht werden? Glauben Sie mir: Die deutschen Ingenieure sind in der Lage, gute Elektroautos zu konstruieren, die billiger und besser sind als ein Verbrenner. Mit knallsicheren Reifen, die keinen Abrieb mehr haben. Mit einem Motor, der kein Öl mehr braucht. Oder Kameras, Computer, Drucker, Taschenlampen, Fahrradschläuche, Strumpfhosen ohne Laufmaschen, haltbare Schuhe …« Hans Meier winkte ab. »Dieses System macht keinen Sinn. Wir müssen zeigen, dass wir noch da sind, dass es ›Made in Germany‹ noch gibt. Die

Leute glauben nicht mehr, dass wir deutschen Ingenieure in der Lage sind, Produkte zu bauen, die billig und haltbar sind. Wir müssen uns doch wehren, wenn man uns in den Rücken fällt ...«

»Sie haben Kluge getötet«, sagte Angela Hambacker. »Sie haben ihn brutal in die oberste Etage gelockt und ihn runtergeworfen.«

Der Ingenieur nickte nachdenklich. »Ja. Der Rechtsstaat schützt diese Typen, unsere Berufsehre ist vor Gericht nicht verhandelbar. Wenn der Rechtsweg ausgeschlossen ist, dann müssen wir den Gerechtigkeitsweg einschlagen. In den Gerichten geht es nur noch ums Geld. Wir haben Kluge gewarnt. Schließlich haben wir uns entschlossen zu handeln. Wir haben uns eine schöne Woche in Halle gemacht, uns verabschiedet und das Landgericht ausbaldowert: Unten die Sicherheitsschleuse, das gute Essen in der Cafeteria, das erhöhte doppelte Geländer dort oben ... Ihre Sicherheitsleute werden uns ein paarmal entdecken auf den Videos. Schön haben Sie es hier in der Villa Kunterbunt!«

Angela Hambacker bedankte sich tatsächlich für das Kompliment.

Hans Meier griff nach ihrer Hand. »Wenn man wirklich entschlossen ist, dann ist die Tat selbst nur noch halb so wild«, sagte der Ingenieur.

Das wurde Kommissar Martins zu bunt. Er rückte demonstrativ geräuschvoll seinen Stuhl nach hinten, stand auf und steckte die Waffe ins Halfter. »Ich verhafte Sie wegen des dringenden Tatverdachtes, Karl-Heinz Kluge getötet zu haben.«

»Na, dann ist wohl alles gesagt«, meinte Hans Meier. Aber er blieb sitzen. »Der Rest unserer Argumentation und unsere Beweise gegen Kluge liegen in dieser Mappe. Jetzt kann ich mir auch einen Schluck genehmigen. Zur Beruhigung.«

Er drehte sich zu seinem Jackett um, kramte aus der Innentasche einen Flachmann hervor und schüttete den Inhalt in die Cola. »Cuba Libre. Ich liebe Cuba Libre«, sagte er.

Hans Meier stürzte die Cola mit einem Zug hinunter. Dann verzog er das Gesicht.

Das hinterließ einen merkwürdigen Eindruck bei Kommissar Martins. Wer verzieht schon das Gesicht bei einem Cuba Libre? Zugegeben, das war vielleicht ein sehr großer Zug, vielleicht war Meier die Kohlensäure ...

Doch da hatte Angela Hambacker schon begriffen. »Die Rettungsärzte, schnell!« Sie war aufgesprungen. »Das war Gift!«

Hans Meier nickte. »Ich glaube, die Ärzte sind schon unterwegs. Nehmen Sie mir den Spaß nicht übel! Wir haben lange genug zugesehen, wie unsere Lieben gestorben sind. Wenn einer diesen Job übernehmen konnte, dann wir Alten. Die jungen Ingenieure müssen doch sehen, dass man für seine Berufsehre auch mal ein bisschen was opfern muss. Was sind schon die paar Monate?« Er schwieg und atmete schwerer.

Angela Hambacker hatte noch nicht aufgegeben. »Was ist es?«, fragte sie.

Hans Meier schüttelte leise den Kopf. »Vielen Dank, Frau Hambacker, aber lassen Sie nur. Es ist Pentobarbital.«

Die Rettungsärzte waren zurück. Kommissar Martins drehte sich zu ihnen um und schüttelte den Kopf. Wenn etwas sicher war auf dieser Welt, dann das Amen in der Kirche und der rasche und leichte Tod durch Pentobarbital.

»Ich lege mich besser hin«, sagte Hans Meier und wollte sich erheben.

Kommissar Martins und Angela Hambacker blieb nichts anderes übrig, als den Ingenieur zu stützen. Als der alte Mann auf dem Boden lag, fand er etwas in seiner Hand und reichte es lächelnd an Kommissar Martins weiter: »Hier, ein

Andenken. Ich habe von uns dreien schon immer den Kürzeren gezogen.«

Es war ein halbes Streichholz.

Auf Hans Meiers Gesicht zeigte sich ein Lächeln. Er atmete ruhig, delirierte ein wenig. Es mussten zusammenhanglose, aber schöne Gedanken sein. Nur einmal glaubte Kommissar Martins, noch etwas verstehen zu können.

»Dreimal drei macht vier, widdewiddewitt, und drei macht neune ...«

Marc-Oliver Bischoff

Der Saft des Lebens

DRK-Blutspendedienst

Die Stimme des Lokführers schepperte aus dem Lautsprecher. Die Regionalbahn aus Bitterfeld hatte zwölf Minuten Verspätung. Bei einer Gesamtfahrzeit von vierundzwanzig Minuten waren das wie viel Prozent? Hasi, der Kopfrechnen für einen Luxus hielt, den sich nur Leute ohne Taschenrechner leisteten, schob die Frage beiseite.

»Sänk ju for träwelling wis Deutsche Bahn«, feixte Mona.

»Erst schwarzfahren und dann die Klappe aufreißen, das sind mir die liebsten«, knurrte der Schaffner, der die beiden am Schlafittchen gepackt hatte und aussah, als verspeise er Katzenbabys zum Frühstück.

Sie fuhren unter der Berliner Brücke hindurch, rechts tauchten die Gründerzeitfassaden der Häuser an der Volkmannstraße auf. Hasi konnte nicht anders, er musste über Monas Englisch lachen. Der Schaffner grunzte, Hasis Kopf wurde nach vorne gegen die Waggontür gerammt, woraufhin er erst mal nur Sterne sah.

»Ups, immer diese blöden Weichen«, entschuldigte sich der Schaffner, während der Zug schnurgerade weiterratterte.

Sie fuhren auf Gleis vier ein. Nervenzerrüttendes Kreischen, ein Ruck und der Zug kam zum Stehen.

»Drück mal den Hebel, Großer«, befahl der Schaffner.

Hasi drückte. Die Tür schwang auf und sie stolperten nach draußen. Eine Durchsage informierte sie über mögliche Anschlüsse in so mondäne Orte wie Klitschmar, Drohndorf oder Schkeuditz. Sie konnten auch zurück nach Bitterfeld fahren, im selben Zug, in dem sie gekommen waren. Nur hatte da vermutlich der Schaffner Einwände.

Hasi ahnte, was ihnen bevorstand: Die Bahnhofsbullen würden sie in Empfang nehmen. Dann wurde es ungemütlich, denn es gab die eine oder andere Liste, auf der ihre Namen standen. Eigentlich total dämlich, immer wieder schwarzzufahren. Leichtsinnig dazu. Doch am Bahnsteig stand niemand zu ihrem Empfang bereit. Sie warteten eine Weile. Die Ansagerin kündigte die Abfahrt an ihrem Gleis an. Der Schaffner hielt sie mit seinen Schraubstockpranken derart umklammert, dass an Abhauen nicht zu denken war.

»Verdammt, wo stecken denn diese Idioten?«, schimpfte er und schüttelte seine Gefangenen ein bisschen, bis Hasi das Blut in den Ohren rauschte.

»Pass mal auf, Süße«, sagte der Schaffner, »ich lasse jetzt kurz los, um zu telefonieren. Falls du stiften gehst, nehme ich deinen minderbemittelten Riesenhamster wieder mit zurück. Dann kannst du ihn in Bitterfeld im Krankenhaus abholen. Habe ich mich deutlich genug ausgedrückt?«

Mona rollte mit den Augen.

»Habe ich mich …«

»Ja doch!«, keifte sie und zwinkerte Hasi zu. Dieses spezielle Zwinkern kannte er. Jetzt hieß es, auf Zack sein.

Der Schaffner gab Mona frei. Sie drehte sich blitzschnell um und biss ihn in die Hand, mit der er Hasi festhielt. Mit einem Aufschrei ließ der Kontrolleur los. Sie gaben Vollgas, rannten den Bahnsteig entlang, sprangen die Treppenstufen hinunter.

Im Rücken dröhnte das Geschrei des Gorillas: »Haltet die Diebe!«

Frechheit, sie hatten nicht geklaut. Noch nicht.

Unten teilten sie sich auf. Mona lief rechts, er links entlang, am Brezelbäcker vorbei, am Geschenkartikelladen, am

Blumengeschäft. Slalom durch Leute mit Rollkoffern, zwischen Rucksackträgern und Obdachlosen mit Hund. Der fette Köter trug ein gepunktetes Halstuch. Hasi rannte hinaus auf den Bahnhofsvorplatz. Es regnete.

Weil er groß und schwer war und das Gegenteil von sportlich, bekam er keine Luft mehr. Seitenstechen. Er hielt an, stützte sich keuchend auf die Knie. Zum ersten Mal, seit er losgerannt war, sah er sich um. Ein Schatten flog auf ihn zu.

»Hey, unterbelichteter Riesenhamster!«, rief Mona lachend und sprang ihm auf den Rücken wie auf einen Gaul.

»Er hat ›minderbemittelt‹ gesagt, nicht ›unterbelichtet‹«, korrigierte Hasi.

Sie blickten zu den Gleisen hinauf, wo die Regionalbahn gerade davonfuhr.

»Was für 'n Arsch!« Mona schüttelte den Kopf.

Hasi hieß so, weil er über zwei Eigenschaften verfügte, die für Monas und sein Auskommen enorm wichtig waren. Erstens sah er harmlos aus. Er war der Typ, an den niemand im Vorbeigehen einen Blick oder Gedanken verschwendete. Und selbst wenn doch, hatte man ihn im nächsten Moment vergessen. Wahnsinnig hilfreich, wenn sich keiner an einen erinnern sollte. Wer würde einem Riesenhamster je etwas Böses zutrauen? Die perfekte Tarnung.

Zweitens löste Hasi in jedem, der ihn kennenlernte, den Drang aus, ihn anzufassen. Keine Ahnung, woher das kam. Er sah nicht besonders bemutternswert aus. Es musste irgendeine Aura sein. Vielleicht seine Haltung, die Stimme, der Karnickelblick oder das schüchterne Lächeln. Wahrscheinlich eine Kombination aus alldem. Als trüge er ein unsichtbares Schild um den Hals: *Free Hugs.* Jedenfalls mussten Leute, wenn sie mit ihm zu tun hatten, irgendwann ihre Hand auf seinen Arm legen, seine Schulter oder – schlimmer noch, und das galt vor allem für ältere Damen – seine Backen kneifen.

Dass man ihn unbedingt antatschen wollte, machte es Mona wiederum leichter, diese Leute zu berühren. Ablenkung, Körperkontakt, idealerweise Ablenkung *durch* Körperkontakt waren ihr Handwerkszeug. Und Schnelligkeit. Fix war Mona, keine Frage. So langsam wie Hasi war, so blitzschnell verschwanden ihre Finger in einer Jacketttasche, einem Rucksack oder einer Gesäßtasche und tauchten kurz darauf inklusive Portemonnaie und Handy wieder auf.

Das war ihr Job: Leute ablenken, Leute anfassen, Leute beklauen. Aber mit Stil. Sie nahmen sich die Scheine und dann warf Hasi den Geldbeutel in den Rathausbriefkasten. Sie wollten niemanden über Gebühr ärgern. Für die Smartphones gab es einen Kerl in Dresden. Zwanzig Euro für ein Samsung, mal einen Fuffi für ein iPhone, aber nur neue Modelle. So kamen sie über die Runden. Für einen Döner, einen Kaffee und einen Schlafplatz reichte es. Nur für Bahnfahrkarten normalerweise nicht.

Hasi mochte den Begriff ›Taschendieb‹ nicht. Mona nannte sich ›Trickdieb‹. ›Trick‹ klang irgendwie cool. Mona war cool. Fand Hasi, der ein bisschen in sie verliebt war. Sie waren zwar ein Paar, aber nur berufsmäßig, nicht privat. Eher so wie Bruder und Schwester. Sie arbeiteten seit Ewigkeiten zusammen. Also seit ungefähr einem halben Jahr. Trickdieb konnte man kaum alleine sein. Die meisten, die es versuchten, landeten im Knast. Kein Job für Einzelgänger. Mona war zwar eine Einzelgängerin und konnte außer Hasi nur wenige Leute leiden, aber sie war viel zu clever, um ihrer Menschenscheu nachzugeben. Hasi wiederum fühlte sich schon einsam, wenn er alleine aufs Klo gehen musste.

In einem Dönerladen am Riebeckplatz kaufte Mona ein Bier für sich und einen Kakao für Hasi. Er trank keinen

Alkohol, hatte er noch nie. Sie wanderten im Nieselregen die Leipziger Straße hinunter Richtung Altstadt. Vorbei am *Halloren*-Fabrikverkauf. *Halloren Kugeln*, von denen hatte seine Oma immer geschwärmt. Die war auch schon lange tot. Ihre Zähne trug Hasi in seinem Rucksack mit sich rum. Manchmal, vor dem Schlafengehen, nahm er sie aus ihrem Häuschen, klappte mit den Fingern das Gebiss auf und zu und machte Omas Stimme nach. Mona sagte, wer mit dem Gebiss seiner Oma rede, der müsse dringend mal zum Psychiater.

Hasi blieb vor dem Schaufenster stehen. Schoko-Rum, Kokos, Stracciatella. Stracciatella hatte es zu Omas Zeiten nicht gegeben, so viel war sicher. Hasi schluckte einen Haufen Spucke runter.

»Komm, Hamsterbacke, wir brauchen Geld«, sagte Mona. »Wenn wir was reißen, kriegst du Schokolade.«

Sie gingen weiter, erreichten den Markt. Händel-Denkmal, Stadthaus, Roter Turm. Kaum was los. Kein Wunder bei dem Wetter und so früh am Morgen. Die Geschäfte hatten noch nicht geöffnet. Nur die Obst- und Gemüsehändler waren damit beschäftigt, ihre Stände aufzubauen.

Sie suchten im Eingang des *Thalia* Schutz vor dem Regen. Hasi ließ den Blick schweifen. Eine ältere Frau zog einen Kartoffelporsche hinter sich her, ihr durchsichtiger Regenmantel war geschlossen bis zur Halskrause, der Anhänger sah leer aus. Keine Chance auf Beute. Und die Händler ließen sich ohnehin nicht in ein Gespräch verwickeln.

Zwei Polizisten auf Fußstreife bogen bei der Marktkirche auf den Platz ein. Mona und Hasi drehten sich zur Auslage und taten, als studierten sie die neuesten Bestseller. Als die Bullen, ein Mann und eine Frau, in dem Gässchen zum Schülershof verschwanden, bezogen Mona und Hasi wieder Position.

Eine geschlagene Stunde standen sie so da. Hasis Magen knurrte. Der Buchladen öffnete. Eine Verkäuferin scheuchte sie weg. Sie schlenderten am Gebäude entlang und stellten sich unter die Arkaden.

Endlich tat sich etwas. Ein Mann und eine Frau verließen gemeinsam die Bank auf der gegenüberliegenden Seite und bezogen am Geoskop Stellung. Sie holten einen Klappständer aus ihrem Rollkoffer und breiteten ihre Auslage aus. Der Mann sagte etwas zu der Frau. Ihr Lachen gluckerte wie der Regen in der Bordsteinrinne.

Auf dem Ständer reihten sich Broschüren und Zeitschriften aneinander. Auf den Titelbildern sah man ein in Leder gebundenes Buch oder Familien, die sich selig vor dem Hintergrund der Natur anstrahlten. Manchmal leuchtete auch der Himmel in goldenem Licht, davor Engel oder halb nackte Reiter über Wolken. Die Frau legte eine Plane über die Auslage, damit das Papier nicht unter dem Regen litt.

»Die sind auch überall«, murmelte Mona und zündete sich eine Selbstgedrehte an.

Jedes Mal, wenn ein Passant unter einem Schirm vorbeieilte, traten sie vor, versuchten, ihn mit einem Lächeln in ein Gespräch zu ziehen, präsentierten ihre Auslage. Niemand hielt an oder grüßte zurück. Ihre Mäntel glänzten bald nass. Die beiden taten Hasi leid.

»Die leben für ihren Glauben und wollen andere überzeugen. Das ist doch schön«, fand er.

»Die feiern kein Weihnachten, wusstest du das?«

Das hatte Hasi nicht gewusst. Kein Weihnachten war auch irgendwie blöd. Nicht, dass er in den letzten Jahren was geschenkt bekommen hätte. Aber die Feiertage gehörten doch irgendwie dazu zum Leben. Außerdem gingen Monas und seine Geschäfte in der Vorweihnachtszeit am besten.

Eine weitere Stunde verging. Keine brauchbaren Kunden weit und breit.

»Kann ich jetzt Schokolade?«, fragte Hasi.

»Kann ich jetzt *bitte* Schokolade«, korrigierte Mona mit rollenden Augen.

Genervt wiederholte Hasi sein Anliegen. Aber er wusste auch: Ohne Mona würde er keinen ganzen Satz mehr rausbekommen. Sprachliche Verwahrlosung nannte sie das.

»Erst die Arbeit, dann die Schokolade«, sagte Mona.

»Aber hier gibt's keine Arbeit«, jammerte er.

Mona zeigte auf die Missionare. »Die sind aus der Bank gekommen, bevor sie aufgebaut haben.«

Hasi sah sie fassungslos an. »Meinst du das ernst? Du willst *solche* beklauen?«

»Was meinst du denn mit ›solche‹?«

»Na, so Christen halt.«

»Du Weichei«, entgegnete Mona.

Hasi zog den Kopf ein. »Ich weiß nicht. Die sind noch gläubiger als normale Leute. Die haben ja fast schon selbst einen Heiligenschein.«

Sie lachte leise.

»Bestimmt kommen wir in die Hölle, wenn wir die beklauen«, murmelte Hasi.

»Du bist doch viel zu doof, um in die Hölle zu kommen. Es heißt: ›Selig, die arm im Geiste, denn ihnen gehört das Himmelreich‹.«

»Das heißt ganz bestimmt nicht so«, entgegnete Hasi beleidigt.

Mona drückte die Kippe aus und setzte sich in Bewegung. »Komm, Hamsterbacke, Action!«

»Mona!«, versuchte Hasi, sie abzuhalten. Aber sie war unbeirrbar. Er wusste, dass er nicht gegen sie ankam. »Scheiße noch!«, schimpfte Hasi und rannte Mona nach.

»Haben Sie Interesse, sich über die Bibel zu unterhalten?«, fragte die Frau. Sie hatte eine Nase wie eine Mäuseschnauze.

Ihr Lächeln war offen, nichts daran wirkte falsch oder aufgesetzt. Obwohl Hasi sie um einen Kopf überragte, wich sie keinen Schritt zurück, als er sich vor ihr aufbaute.

»Ja, gerne«, antwortete er. Und tatsächlich mochte er mit ihr ins Gespräch kommen, wollte wissen, was eine nette Dame wie sie antrieb, bei einem solchen Mistwetter stundenlang auf dem Platz auszuharren, in der Hoffnung, jemanden von ihrem Glauben überzeugen zu können.

Sie wirkte freudig überrascht. Dann jedoch schob sich ihr Begleiter dazwischen. Jetzt erst bemerkte Hasi die Ähnlichkeit zwischen sich und dem Mann. Er hätte sein älterer Bruder sein können.

Dem Mann schien das nicht aufzufallen. Er klappte eine Bibel mit abgestoßenen Ecken auf und begann zu erzählen: von Gott, den er Jehova nannte, von den sogenannten Letzten Tagen, von der wörtlichen Auslegung der Bibel. Er las Hasi vor. Schade, der hätte sich lieber von der Frau vorlesen lassen. Er sah ihr nach, wie sie den Platz überquerte, um etwas in den Mülleimer zu werfen.

Keine Minute später legte der Mann seine Hand auf Hasis Arm. Hinter seinem Rücken tauchte Mona auf. Hasi ergriff die Hand des Mannes.

Der hielt beim Sprechen kurz inne, lächelte überrascht und dozierte umso eifriger.

Hasi musste nicht sehen, was passierte. Er merkte es an Monas Haltung. Sie beugte sich vor, verharrte, richtete sich wieder auf. Ihr Arm bewegte sich kaum. Dann zwinkerte sie Hasi zu. Zeit, sich zu verabschieden. Niemand hatte was gemerkt, am allerwenigsten der Mann, den sie gerade um seine Barschaft erleichtert hatten.

»Danke, das klingt alles sehr interessant, aber ich muss leider wieder los«, bedauerte Hasi.

Der Mann sah enttäuscht drein.

Plötzlich stand die Frau wieder neben ihnen. »Warten Sie, bevor Sie gehen, möchte ich Ihnen ein Geschenk machen«, sagte sie und hielt Hasi ein Buch mit goldener Schrift hin. »Eine Bibel. Das Wort Gottes ist ein guter Berater in jeder Lebenslage.«

Mona zog hinter dem Rücken der Frau eine Schnute. Das ärgerte Hasi. Er konnte es nicht leiden, dass sie sich über diese Leute lustig machte. Jetzt erst recht, dachte er sich und nahm das Geschenk an. Die beiden Missionare stopften ihm noch ein paar Broschüren in die Tasche, bevor sie ihn ziehen ließen.

Mona und er schlugen getrennte Wege ein. Sie verabredeten sich in einer halben Stunde am Bahnhof. Falls dem Mann der Verlust seiner Geldbörse vorher auffiel, würde er sich, wenn überhaupt, nur an Hasi erinnern und der Polizei dessen Beschreibung geben. Im unwahrscheinlichen Fall, dass Hasi kontrolliert wurde, würden die Beamten nichts finden, denn das Portemonnaie trug Mona bei sich.

Hasi schlenderte in Richtung Marktschlösschen davon. Bevor er hinter der Kirche nach links in Richtung Hallmarkt abbog, drehte er sich noch einmal um. Die Missionare beackerten neue potenzielle Kunden.

Er spazierte die Talamtstraße hinab. Als er den Hallmarkt erreichte, erlebte er eine Überraschung.

Mona kam von der anderen Seite mit hochrotem Kopf auf ihn zugesprintet. Aus ihren Augen sprach die nackte Panik. Kurz bevor sie ihn erreicht hatte, wedelte sie mit dem gestohlenen Geldbeutel. »Schnell, fang!«

In hohem Bogen flog das Portemonnaie auf ihn zu. Keine Ahnung wie, aber er schaffte es, den Geldbeutel aufzufangen, ohne ihn fallen zu lassen.

Mona rauschte an ihm vorbei. »An der Bahnhofstoilette!«, rief sie ihm noch zu, bevor sie um die Ecke bog.

Völlig verwirrt stand Hasi mit dem Raubgut in der Hand da. Im nächsten Augenblick kamen die beiden Polizisten, die sie schon auf dem Marktplatz beobachtet hatten, die Stufen zum Hallmarkt heruntergerannt. Der Mann hatte etwa Hasis Statur und ein schweißnasses Gesicht. Schnell versteckte Hasi den Geldbeutel hinter seinem Rücken. Die Polizisten liefen an ihm vorbei. Hasi freute sich. So einfach hielt man die Staatsmacht zum Narren.

Doch dann wendete sich sein Glück.

»Sie da, stehen bleiben!«, ertönte ein Befehl hinter seinem Rücken.

Hasi sah sich um. Verdammt, die Bullen hatten ihn wiedererkannt. Wenn sie ihn mit dem Geldbeutel erwischten, war er am Arsch.

Er nahm die Beine in die Hand. Schneller als der Dicke war er allemal.

Er flog geradezu an der Stadtbibliothek vorbei, ließ den Göbelbrunnen rechts liegen und bog links in den Hallorenring ein, passierte rechter Hand die Hörfunkzentrale des MDR. Er musste das Portemonnaie unauffällig loswerden, aber die Bullen waren so dicht hinter ihm, dass sich keine Gelegenheit bot.

Langsam ging ihm die Puste aus. Der Dicke war verschwunden, nur seine Kollegin war Hasi noch auf den Fersen. Der hatte das Gefühl, seine Lungen explodierten. Weiter vorne lag der Glauchaer Platz, darüber rollte der Verkehr in Richtung Neustadt.

Hasi rannte die hohe Steinmauer an der Rückseite der Moritzkirche entlang, sammelte seine letzten Kräfte. Noch ein paar Meter. Der Verkehr im Kreisverkehr war dicht, die Autos fuhren viel zu schnell.

Die Polizistin würde jeden Moment zu ihm aufschließen, die Fußgängerampel zeigte hartnäckig Rot. Hasi musste irgendeine Lücke abpassen, um den Platz zu überqueren. Sie würde sich nicht trauen, ihm zu folgen, und er wäre in Sicherheit. Aber keine Lücke tat sich auf. Er konnte die Beamtin schon hinter sich nach Atem ringen hören.

»Stehen bleiben!«, krächzte seine Verfolgerin.

Wenn keine Lücke zu erkennen war, musste man einfach auf eine hoffen, dachte Hasi.

Er schloss die Augen und rannte los, mitten über die Straße.

Selig die arm im Geiste, denn ihnen gehört das Himmelreich.

Ein Hupen ertönte, dann durchdringendes Reifenquietschen. Ein furchtbarer Schlag traf Hasi und schleuderte ihn durch die Luft. Er prallte hart auf den Asphalt, aber er war noch bei Bewusstsein. Er hatte Glück gehabt. Es folgte noch mehr Reifenquietschen, plötzlich brauste ein Lkw ganz nah an ihm vorbei, es rumpelte und ein furchtbarer Schmerz ergriff Besitz von seinen Unterschenkeln.

Er blickte auf und versuchte, durch den Nebel der Benommenheit etwas zu erkennen. Da glänzte Blut auf der Fahrbahn, verdammt viel Blut. Und dort, wo mal seine Beine gewesen waren, befand sich abwärts der Kniescheiben nur noch blutiger Brei.

Hasi versank in die Ohnmacht.

Meldung in der Mitteldeutschen Zeitung vom 8. April:

Bei einem tragischen Verkehrsunfall ist gestern Morgen ein notorischer Schwarzfahrer auf der Flucht vor der Polizei am Glauchaer Platz lebensgefährlich verletzt worden. Das Opfer, offenbar Mitglied einer christlichen Sekte, die Bluttransfusionen ablehnt, erlag wenig später im Universitätsklinikum Halle den Folgen seines schweren Blutverlustes.

Meldung in der Mitteldeutschen Zeitung vom 10. April:

Der auf der Flucht vor der Polizei tödlich verletzte Schwarzfahrer ist nach Auskunft eines Pressesprechers der halleschen Polizei Opfer einer tragischen Verwechslung geworden. Nicht er selbst war Mitglied einer christlichen Gemeinschaft, die Bluttransfusionen ablehnt, sondern der Mann, dessen Geldbeutel er gestohlen hatte. Da er keine weiteren Ausweispapiere bei sich trug, aber Broschüren und eine Bibel der Glaubensgemeinschaft mit sich führte und eine gewisse Ähnlichkeit mit dem Bestohlenen vorlag, verwechselten die Rettungskräfte ihn. In einer gemeinsamen Erklärung bedauerten die Einsatzkräfte von Feuerwehr und Polizei die tragischen Umstände. Der Blutspendedienst des Deutschen Roten Kreuzes nutzte die Gelegenheit, die Bevölkerung aufzurufen, Blut zu spenden. Täglich würden in Deutschland rund fünfzehntausend Blutspenden benötigt, sagte die Geschäftsführerin des DRK-Blutspendedienstes, Roswitha Mahlich-Springer, und ergänzte: ›Als Blutspender rette man das Leben anderer - mitunter aber auch das eigene. Mit einem Blutspendeausweis im Portemonnaie wäre der tragische Irrtum jedenfalls nicht passiert.‹

Joachim Anlauf

Summertime Blues

Beatles-Museum

»Gemach! Gemach! Sergeant Pepper wurde auch nicht an einem Tag erschaffen!«

»Auch wenn du offensichtlich kein *working class hero* bist, John, empfehle ich dir dringend, Aron beim Ausladen zu helfen, sonst hänge ich dir höchstpersönlich eine Klobrille um den Hals und lasse dich vor dem Händel-Denkmal Flyer verteilen.«

»Och, gern, Mr. Martin. Aber nur, wenn ich in Unterhosen verteilen darf.«

»Vorsicht, junger Mann. Du läufst Gefahr, dass ich dich für den Rest deines Praktikums Ringo nenne, solltest du dich nicht sofort in die Spur begeben!«

»Aye, aye, Sir! Aber meine Woche hat auch nur acht Tage!«

Hi, ich bin John. Na ja, gut, ich nenne mich John. Zumindest solange ich hier im Beatles-Museum arbeite. Praktikum! Das hat mein Chef sehr freundlich gemeint. Denn eigentlich habe ich großen Mist gebaut und muss irgendwo die mir aufgebrummten Sozialstunden ableisten. Das Beatles-Museum gab mir die Chance. Und so kann ich, ein Junge aus Neustadt, täglich die große, weite Welt der Beatles erleben. Aufmerksam wurde ich auf die Fab Four erst vor gut einem Jahr. Bei einem Videoabend mit Freunden hörte ich im Abspann des Films *The Social Network* erstmals *Baby, You're a Rich Man*, wusste aber nicht, von welcher Band der Song stammte. Tolle Filmmusik, dachte ich mir. Respektlos. Ironisch. Einprägsam. Vollkommen baff war ich, als dann auf dem Bildschirm die Interpreten dieses Songs auftauchten: die Beatles. Der Song hatte schon fünfzig Jahre auf dem Buckel und wirkte so frisch, einfach zeitlos. Von da an wollte ich mehr über diese Band erfahren. Besonders John Lennon sprach mich an. Endlich hatte ich ein Vorbild für mein lasterhaftes, widersprüchliches, cooles Verhalten gefunden. Das Beatles-Museum, das von Köln nach Halle in das barocke Stadtpalais am Alten Markt gezogen war, wurde für mich zum Eldorado, in dem ich jeden Tag neue Abenteuer mit John, Paul, George und Ringo erleben konnte. Das größte Abenteuer stand mir aber noch bevor.

»Mann, pass doch auf!«

Beinahe wäre ich auf der Holztreppe zum ersten Stock mit Aron zusammengestoßen. Er war schwer bepackt mit einem Stapel Kartons und tastete sich vorsichtig, Stufe für Stufe, nach oben.

»Tschuldigung.«

»Wird auch Zeit, dass du kommst. Soll ich etwa alleine das Beatles-Mobil ausladen?«

Beim Beatles-Mobil handelte es sich um einen weißen Mercedes Vito, einen Kastenwagen, der seitlich mit den Konterfeis der vier Bandmitglieder verziert war. Aron kam gerade von einem Trip aus Hamburg zurück, bei dem er aus einem Nachlass Gegenstände übernommen hatte, die aus der Hamburger Zeit der Beatles stammten. Mr. Martin hatte immer die Hoffnung, zwischen dem ganzen Plunder noch einen Schatz zu entdecken. Vor Kurzem hatte das Museum das Originalkassenbuch des *Star-Clubs* aus dem Jahr 1962 erhalten, das jetzt aufgeschlagen in einer Vitrine lag. Auf Seite vierundzwanzig konnten die Besucher nachlesen, dass die Beatles für ihr zweites Gastspiel in der Hansestadt insgesamt zweitausendvierzig Mark als Gage erhalten hatten. Ein kleines Mosaiksteinchen, zugegeben. Aber alle Ausstellungsstücke zusammen erzählten die Geschichte der größten Band aller Zeiten. Wir waren gespannt, was wir nun Neues über die Hamburger Periode in Erfahrung bringen konnten.

Der Vito stand mit geöffneter Heckklappe im Hinterhof. Irgendein Typ stand auf der Ladefläche und wühlte in einer Kiste.

»Was machen Sie da?«

Der Typ hielt inne und bewegte seinen Kopf langsam zurück, sodass er mich über seine Schulter von oben herab ansah. Seine Hände waren immer noch sehr aufreizend in der Kiste vergraben.

»Wer sind Sie? Kommen Sie da raus!« ›Mit erhobenen Händen‹, hätte ich beinahe gesagt, aber ich bin ja kein Spießer.

In Zeitlupe drehte sich der dunkel gekleidete Mann um und sprang von der Ladefläche. »Wo ist Aron?«

»Ich stelle hier die Fragen. Wer sind Sie?«

»Ich bin Journalist.« Der Typ grinste.

»Für welche Zeitung?«

»Bin Freelancer.«

Für dumm verkaufen lasse ich mich nicht. »So, dann möchte ich mal Ihren Presseausweis sehen.«

»John, was soll das? Nimm eine Kiste und hau ab! Ich bin für die Pressearbeit zuständig! Ist das klar?«

Aron war stinksauer. Auf mich.

Der Typ grinste noch breiter.

Ich schnappte mir genau die Kiste, die offen stand und überwiegend mit Tonbändern sowie mit Schallplatten in Klarsichtfolien bestückt war, und zischte: »Ach, leckt mich doch *across the universe*!«

Der Professor war gut drauf. Er saß an einem der runden Marmortische im Café und trommelte unter vollem Einsatz der Hände und Füße mit Ringo um die Wette. Aus den Lautsprechern dröhnte zum dritten Mal nacheinander *She Loves You*. Wahrscheinlich würde er gleich erneut um eine Zugabe bitten. Egal, der Kunde ist König. Und er war mein letzter König heute im Museumscafé. Ob er ein echter Professor war? Unwichtig. Alle nannten ihn so. Er war weise und wirkte mit seinem ergrauten Walrossbart, den listigen Augen hinter der randlosen Brille und seinem weißen *Borsalino*-Hut samt gleichfarbigem Anzug tatsächlich wie ein Universitätsgelehrter. Seit gut zwei Wochen ließ er sich einzelne Bücher und Dokumente aus dem Archiv ins Lesezimmer bringen, sah DVDs im Filmraum und hörte sich durch Hunderte von CDs. Was er suchte, wusste er wohl selbst nicht so genau. Aber er war ein angenehmer Zeitgenosse, erzählte witzige Anekdoten und gab gutes Trinkgeld. Vielleicht war er etwas verrückt, aber wer war das hier nicht? Genauso interessant war seine heutige blonde Begleitung, die er mir als seine Nichte vorgestellt hatte. Ein bisschen sah sie aus wie Cynthia Lennon.

»John, bitte noch einmal. Du weißt schon.«

»Yeah!«

»Komm, setz dich zu uns.«

Ich zog mir vom Nebentisch einen Holzstuhl heran und setzte mich zwischen die beiden. »Wenn ihr wollt, könnt ihr euch oben an der Spielkonsole austoben. *She Loves You* haben wir da auch im Programm.«

»Ach John, dafür bin ich zu alt.«

»Was haben Sie denn heute Neues über die Beatles herausgefunden?«

»Ich habe mich mit ihren Veröffentlichungen in der DDR beschäftigt. 1965 hatte *AMIGA* eine LP und drei Singles auf den Markt gebracht. Mit einer etwas seltsamen Musikauswahl – die Singles enthielten keine Hits. Dafür hat wohl das DDR-Ministerium für Kultur gesorgt, dem das Plattenlabel nachgeordnet war. Es handelte sich um reine Alibi-Singles. Opium, um das Volk ruhigzustellen. Und die Cover waren grausam. Aber dann sollte es ernst werden: Die Plattenfirma traute sich an die Hits heran und stellte Probepressungen von *She Loves You, I Want to Hold Your Hand* und *A Hard Day's Night* her. Veröffentlicht wurden diese aber nie. Das Regime hat kalte Füße bekommen. Immerhin zeigt ihr hier im Museum von zwei der geplanten Singles die wahrscheinlich einzigen noch erhaltenen Exemplare. Die haben die Schergen wohl nicht vernichten können. Aber ausgerechnet *She Loves You* habt ihr nicht. Ausgerechnet. Wenn diese Probepressung auftauchen würde, die wäre ein Vermögen wert! Schade, dass der Staatsratsvorsitzende Walter Ulbricht keinen Geschmack hatte.«

Der Professor stand auf und sprach mit Fistelstimme und auf Sächsisch wie Genosse Ulbricht einst im SED-Zentralkommitee: »Ist es denn wirklich so, dass wir jeden Dreck, der vom Westen kommt, nu kopieren müssen? Ich denke, Genossen, mit der Monotonie des Je-Je-Je, und wie das alles heißt, sollte man doch Schluss machen. Aber niemand hat die Absicht, ein Verbot zu verhängen.« Danach ballte der Professor seine rechte Hand zur Faust und grüßte das anwesende Publikum, das kräftig applaudierte.

»Ach, der Ulbricht. Das war halt doch auch nur ein Leipzscher!«

»Weißt du, John, eigentlich hätte die Mauer schon 1965 fallen müssen. Beatles aller Länder vereinigt euch!«

»Was meinen Sie: Ob es irgendwo noch ein Probeexemplar von *She Loves You* gibt?«

»Auf irgendeinem Dachboden, in irgendeinem Stasi-Versteck, in irgendeinem Regal der Gauck-Behörde oder in irgendeiner Privatsammlung bestimmt. Wir müssen es nur finden!« Plötzlich fing der Professor an, etwas leiser und ernsthafter zu sprechen: »Wenn ich das richtig mitbekommen habe, kam doch heute eine Lieferung aus Hamburg für euch. Alte Schallplatten und so. Vielleicht ist ja auch die erste gemeinsame Aufnahme von John, Paul, George und Ringo darunter?«

»*Love Me Do?* Das haben die doch in London aufgenommen. Am 4. September 1962, Abbey Road, Studio zwei.«

»Ha! Das denkt alle Welt. Aber die vier waren schon am 15. Oktober 1960 in Hamburg zusammen im Aufnahmestudio. *Akustik Studio,* Kirchenallee 57, fünfter Stock.«

»Kann nicht sein, da war doch noch Pete Best am Schlagzeug.«

»Nein, der war nicht dabei. Angeblich hatte er sich gerade einen neuen Satz Drumsticks gekauft. Die Beatles sollten aber Lu ›Wally‹ Walters bei Probeaufnahmen unterstützen. Der war eigentlich Bassist bei der Band Rory Storm and the Hurricanes. Und weil John, Paul und George gerade ohne Schlagzeuger waren, hat Ringo Starr, der Hurricanes-Drummer, mitgemacht. Mit hoher Wahrscheinlichkeit wurde damals *Summertime* aufgenommen. Davon sollen dann mindestens sieben Exemplare gepresst worden sein. Die Zeitzeugen sind sich jedoch nicht ganz einig.«

»Echt? Die Fab Four waren schon 1960 vereint? Das ist ja irre! Und *Summertime?* Ist das etwa der Gershwin-Song?«

»Ja, genau. Nicht ganz Beatles-like, aber dieses Stück gehörte damals wohl zu ihrem Repertoire.«

»Und was wurde aus den sieben Exemplaren?«

»Die sind verschollen!«

»Was? Verschollen! Gibt's doch gar nicht!«

»Doch, leider. Alle weg! Aber was sollen wir hier Trübsal

blasen? Kinder, ich lade euch in ein Wirtshaus ein. Dann können wir was essen und uns weiter unterhalten.«

Eine Einladung? Zum Essen mit der Nichte des Professors? Da war ich dabei. Ich hatte ohnehin schon Feierabend.

»Guten Abend!«

Ich drehte mich um. Im Eingangsbereich stand ein kleiner Mann mit mutmaßlich asiatischem Background. Er lächelte uns freundlich an und verbeugte sich. Wie lange mochte er dort wohl schon stehen?

»Ich Leiter der Reisegruppe aus Japan. Morgen Führung. Wann Beginn? Wo Treffpunkt?«

Irgendwann hatte ich dann doch Feierabend. Der Professor und seine Nichte waren schon ins ungarische Restaurant *Zum Jámbor* vorausgegangen und ich folgte ihnen mit eiligen Schritten. Es wurde ein feuchtfröhlicher Abend. Ohne Pause erzählte der Professor aus dem unerschöpflichen Beatles-Kosmos. Und auch Cynthia, die eigentlich Juliane hieß, taute auf und erwies sich als profunde Kennerin der Bandgeschichte. Der Beatles-Apfel fällt halt nicht weit vom Stamm. Die Zeit verflog, der Alkohol floss, die Stimmung erreichte ihren Zenit. War ich inspiriert von der japanischen Reisegruppe? Mehr und mehr meinte ich, in Juliane eher die wilde Yoko als die brave Cynthia zu erkennen. Sie war frech und hatte eine unkonventionelle, kreative Art, die Dinge des Lebens zu betrachten. John und Yoko. Insgeheim überlegte ich, ob wir der gleichnamigen Ballade noch ein paar neue Strophen hinzufügen könnten. Man bräuchte nur eine gute Gelegenheit.

Und tatsächlich. Kurz vor Mitternacht bezahlte der Professor die Rechnung, legte einen Fünfzigeuroschein auf den Tisch und verpflichtete uns – bevor er das Lokal verließ –, dieses Geld zu verzechen. Nun, es gibt Schlimmeres. Ich war auf diesem John-Yoko-Trip und baggerte Juliane an. Das war nicht einfach. Immerhin konnte ich sie für das Wii-Spiel *Beatles-Rockband* begeistern, das im Museum unter dem Dachboden aufgestellt war. Vor allem gefiel ihr die von mir erfundene, besondere Stripvariante. Wer einen Ton falsch spielte oder beim Text versagte, sollte ein Kleidungsstück ablegen.

Voller Vorfreude schlenderte ich mit ihr im Arm zum Beatles-Museum zurück. Ich sah mich klar im Vorteil und bald am Ziel. Mit meinem Generalschlüssel gelangten wir ins Gebäude. Um in der Nachbarschaft nicht aufzufallen, vermied ich es, das Licht einzuschalten. Mit meiner Handytaschenlampe leuchtete ich den Weg die Treppen hinauf. Je mehr wir uns der zweiten Etage näherten, desto mehr hörten wir einzelne Geräuschfetzen. Undefinierbare Töne. Sie mussten von oben kommen. Vorsichtig schlichen wir weiter und sahen einen schwachen Lichtschein, der aus der geöffneten Tür zum Archivraum fiel. Schon wieder erklang für gut zehn Sekunden Musik. Rock'n'Roll-Töne aus den Fünfziger-, Sechzigerjahren. Danach waren Jingle-Musik und Werbung zu hören. Langsam pirschte ich mich näher und riskierte einen Blick. Der arrogante Aron saß, mit dem Rücken der Tür zugewandt, vor einem Plattenspieler und legte eine Scheibe nach der anderen auf. Er spielte jede nur kurz an. Auf dem Boden erkannte ich einige der Kisten, die er aus Hamburg geholt hatte. Was sollte das? War das mit Mr. Martin abgesprochen? Kaum zu glauben. Aron schien eher heimlich hier zu sein. Hatte dieser Journalist etwas damit zu tun? Ich nahm mir vor, Aron im Auge zu behalten und mir für Yoko etwas anderes einfallen zu lassen.

Der Morgen begann mit einer Überraschung: Aron war verdächtig freundlich. Als ›Dankeschön‹ und weil ich es einfach verdient hätte, schlug er mir vor, seine heutige Berlin-Tour zu übernehmen. Ein Beatles-Fan bot uns einen Teil seiner Sammlung als Dauerleihgabe an. Es galt, die Stücke zu begutachten und ein erstes Gespräch über die Konditionen zu führen. Insgeheim hatte ich mir so eine Tour schon lange gewünscht. Aber irgendwie ahnte ich, dass da etwas faul war im Staate Pepperland. Außerdem musste ich mich noch an Aron rächen. Schließlich hatte er meinen sorgfältig ausgeklügelten Yoko-Plan durchkreuzt. Juliane war nämlich plötzlich müde und wollte ins Hotel. Ohne mich! Und überhaupt war ich doch schwer beschäftigt. Ich hatte einen Termin in der Druckerei, um die nächste Ausgabe des Beatles-Magazins *Things* freizugeben.

Aron ließ nicht locker, versuchte es zunächst mit Charme, dann mit Drohungen und schließlich fast mit Gewalt. Mr. Martin musste ein Machtwort sprechen und daran erinnern, dass alle hier ›ihre‹ Aufgaben hätten. Verärgert setzte sich Aron in das Beatles-Mobil und rauschte davon.

Das gab mir die Gelegenheit, mich ausgiebig im Archiv umzusehen. Was hatte sich der aggressive Aron zu nächtlicher Stunde angehört? Auf den ersten Blick konnte ich keine gravierende Veränderung im Raum feststellen. Die Regale waren dicht bepackt. Jeder sich bietende Platz wurde genutzt. Das sah zwar an manchen Stellen etwas unübersichtlich aus, hatte aber System. An dem Arbeitsplatz stand noch der Plattenspieler. Die Tonträger waren aber weggeräumt. Mit einem Blick in den PC stellte ich fest, dass Aron noch nicht begonnen hatte, die Neuzugänge aus Hamburg zu erfassen. Wie gedacht, hatte der nette Kollege letzte Nacht eine Privatsession eingelegt.

Ich begab mich in den kleinen Nebenraum, in dem die Neuzugänge bis zu ihrer Erfassung und Einsortierung gelagert wurden. Und da standen die Kisten aus Hamburg. Ob die Lieferung komplett war, konnte ich nicht erkennen. Etwas abseits erkannte ich eine geöffnete Box mit Schallplatten in Klarsichtfolie. Ein gelber unbeschriebener Trennstreifen ragte aus dem Stapel in die Höhe. Hatte Aron damit markiert, bis wo er die Platten durchgehört hatte? Ich zog links und rechts vom Trennstreifen einige Platten heraus. Sie hatten alle das gleiche Etikett. Darauf stand oberhalb des Mittelloches das Signet *Akustik Studio Hamburg*, unterhalb der Hinweis *78 U/Min. nur mit Mikrosaphir abspielen*. Am Rand des runden Etiketts war *Studio für Tonband- und Schallplattenaufnahmen* sowie Adresse und Telefonnummer vermerkt. Ich nahm ein gutes Dutzend Platten mit zum Abspielgerät und hörte sie durch. Auf ihren Rückseiten befand sich jeweils eine Werbebotschaft für das *Lederwarengeschäft Klockmann*, in dessen Gebäude sich das Tonstudio befand. Eine damals übliche Marketingaktion. Die Vorderseiten waren mit Musik verschiedener Stilrichtungen vom Rock'n'Roll über Volksmusik bis zum Schlager gepresst. Auf einigen Etiketten gab es handschriftliche Notizen, die einen Rückschluss auf die Aufnahme zuließen, auf anderen fehlten solche Angaben gänzlich.

Wenn Arons Suche erfolgreich gewesen wäre, hätte er wohl kaum mit allen Mitteln versucht, heute im Museum zu bleiben. Er war noch nicht am Ziel. Das war gut zu wissen.

Ich ging wieder zum Computer und googelte nach einigen Stichwörtern. Dabei erinnerte ich mich an die Geschichte, die der Professor gestern erzählt hatte. Und siehe da, es gab ein Foto der verschollenen *Summertime*-Schallplatte von Lu Walters mit den Pre-Beatles. Auf dem Foto sah ich das mir nunmehr wohlbekannte Etikett des *Akustik Studios*. Darauf standen in krakeliger Schrift die Wörter *Demo, Summertime* und *Wally*. Mir kam eine Idee, wie man Aron einen Denkzettel verpassen konnte. Ich schickte unserer Hausdruckerei eine E-Mail mit besagtem Bild im Anhang und machte mich auf den Weg dorthin.

Als ich am frühen Nachmittag wiederkam, war im Beatles-Museum der Teufel los. Die japanische Reisegruppe hatte sich über sämtliche Ebenen verteilt. Überall klickten Kameras und gleißten Blitzlichter, vor allem auf dem Abbey-Road-Zebrastreifen mit den Beatles als Pappkameraden davor. Das ganze Haus war von Entzückungsbekundungen, Begeisterungsrufen und hysterischem Kichern erfüllt. Praktisch jeder Lautsprecher war im Einsatz, um Musik der Beatles abzuspielen.

Ich legte Mr. Martin im Büro das gedruckte Probeexemplar des Magazins *Things* vor und kämpfte mich über die Treppen zum Archivraum hoch.

Vor der Tür fing mich der Professor mit Kummermiene ab.

»John, so kann ich nicht arbeiten. Das geht schon seit zwei Stunden so. Darf ich im Archiv studieren? Da ist es ruhiger.«

»Sorry, das geht nicht. Verbot vom Chef.« Und außerdem hatte ich noch etwas Wichtiges zu erledigen, bevor der ahnungslose Aron wieder auf der Bildfläche erschien.

Als mein geschätzter Kollege mit neuer Rekordzeit von seiner Berlin-Tour im Museum eintraf, dauerte es tatsächlich nicht lange, bis er im Archivraum verschwand. Ich stand an der Tür und drückte behutsam die Klinke runter. Abgeschlossen. Da der Schlüssel von innen steckte, hatte ich auch mit meinem Generalschlüssel keinen Erfolg. Ich klopfte, nein, ich donnerte mit meiner Faust gegen die Tür, so laut, dass die verzückten Japaner einen Moment in ihrem Treiben innehielten, um dann zu entscheiden, dass ich nicht annähernd so interessant war wie die Ausstellungsstücke. Ich trommelte noch mal mit den Fäusten gegen die Tür. Plötzlich rührte sich etwas und Aron lugte vorsichtig durch einen kleinen Spalt. Bevor er wieder in seinen Arroganzmodus schalten konnte, drückte ich die Tür auf, trat ein und beschimpfte ihn.

»Was soll das? Warum schließt du dich ein? Ist das hier dein privates Reich?«

»Das geht niemanden was an und dich am allerwenigsten im Haus.«

Offenbar hatte sich Aron von seinem Schock erholt und kam langsam auf Touren.

»Was machst du hier? Wir haben gerade alle Hände voll zu tun und brauchen Unterstützung im Shop und im Café und du legst hier oben ein Päuschen ein.« Mittlerweile hatte ich das Archiv durchquert und stand vor dem Arbeitsplatz. »Du kannst auch morgen noch die Sachen aus Hamburg sichten. Das hat keine Eile.«

»Was weißt du denn schon? Du Amateur! Keine Ahnung, aber immer ein großes Maul! Und jetzt raus hier!«

Aron packte mich an der Schulter. Mit einer Drehbewegung entzog ich mich ihm.

»Ich weiß, was du suchst. Und im Gegensatz zu dir habe ich es gefunden.«

Triumphierend zeigte ich ihm die Schallplatte mit dem von mir neu aufgeklebten Etikett.

Aron traf der Blitz. Damit hatte er nicht gerechnet. Nach Überwindung der Schocksekunde ging er auf mich los und versuchte, mir die Platte zu entreißen.

»Jungs, hört auf, das bringt doch nichts. *All You Need Is Love!*«

Im Türrahmen stand der Professor und schwenkte seinen *Borsalino* wie eine weiße Friedensfahne. Unvermittelt beendeten wir unser Gerangel. Der Professor kam näher und erkannte das Etikett.

»O mein Gott, das ist ja fantastisch. Sensationell. Leute, das gibt's ja nicht.«

Aron nutzte den Moment und entriss mir die Platte. Schnell griff er nach einem Teppichmesser, das wir am Arbeitsplatz nutzten, um Kisten zu öffnen. »So, ihr Komiker. Geht mir aus dem Weg!«

»Aron, sei vernünftig. Diese Platte ist unbezahlbar. Sie gehört ins Museum. Wir sollten uns alle freuen. *Give Peace a Chance!*«, versuchte der Professor, den angriffslustigen Aron zu beruhigen.

»Macht die Bahn frei!« Aron fuchtelte mit dem Messer herum, sodass wir beim Zurückweichen eine kleine Gasse bildeten.

»Stopp!«

Yoko alias Juliane war unbemerkt in den Raum gekommen und betätigte ohne Vorwarnung ihr Pfefferspray. Aron heulte auf, ließ Messer und Platte fallen, krümmte sich und hielt seine Hände vor die Augen. Der Professor hatte mehr Sorge um die Schallplatte als um seinen Artgenossen und hob die vermeintliche *Summertime*-Aufnahme ehrfurchtsvoll auf.

»Gib mir die Platte!«

Der Professor schaute ungläubig auf. Juliane hatte das Pfefferspray auf ihn gerichtet.

»Spiel jetzt bloß nicht den Helden. Gib sie mir langsam rüber.«

»*Ob-la-di, ob-la-da, life goes on, bra, la-la, how the life goes on.*«

Ein japanischer Polonaisezug nahm seinen Weg durch den offenen Archivraum. Freudestrahlend und lauthals singend schunkelten sich etwa fünfzehn Touristen vorwärts und animierten uns, sich ihnen anzuschließen.

Juliane ließ ihre rechte Hand sinken.

»Hilfe«, flüsterte der Professor und drückte die Platte an seinen Körper. Dann rief er lauter: »*Help! Help!*«

»*I need somebody, not just anybody, you know I need someone. Heeelp!*« Dankbar griff der Polonaisezug den Liedvorschlag auf und schunkelte weiter Richtung Ausgang.

Juliane wartete, bis der Spuk vorbei war. Dann hob sie ihr Spray erneut. »So, Onkelchen, jetzt sei doch bitte so lieb und gib mir die Platte.«

»Du bist ein Scheusal. Ich hätte es wissen müssen. Du wirst ...«

»Schnauze, alter Mann!«

Im Durcheinander erschien nun der angebliche Journalist auf der Bühne – mit gezücktem Revolver. »Spray auf den Boden! Platte zu mir! Hände hoch!«

Endlich mal ein gut strukturierter Gangster, dachte ich mir und hob meine Hände.

Aron hörte auf zu wimmern, hob seinen Kopf und blinzelte.

Juliane pfefferte dem Typen ihr Spray vor die Füße.

»Das ist ein Weltkulturerbe. Das gehört ins Museum und nicht in eine Privatsammlung!«, startete der Professor einen letzten Überzeugungsversuch.

»Letzter Aufruf vor dem Flug in die ewigen Jagdgründe!« Der Typ stand breitbeinig und grinste.

Plötzlich schnellte eine Handkante gegen den Hals des Journalisten und streckte den Mann zu Boden. Dahinter erschien der japanische Reiseleiter in Begleitung von zwei asiatischen Sumoringern in viel zu engen Beatles-T-Shirts. Er verbeugte sich höflich mit gefalteten Händen, ging auf den Professor zu, schüttelte ihm die Hand, nahm die Platte an sich, verbeugte sich erneut, ging mit seinen beiden Freunden rückwärts aus dem Raum und verschloss die Tür.

In diesem Moment ertönte der Feueralarm. Juliane, der

Professor und ich stürmten zur Tür, hämmerten dagegen, um auf uns aufmerksam zu machen. Doch niemand reagierte.

Hi, ich bin John. Immer noch und bis auf Weiteres. Mein Abenteuer endete glimpflich. Das Sirenensignal stellte sich als Fehlalarm heraus. Jemand aus der japanischen Reisegruppe hatte den Alarmknopf betätigt und das Chaos im Beatles-Museum vollendet.

Mr. Martin befreite uns aus dem Archivraum, nachdem der Alarm aufgehoben war. Nie zuvor war ich so glücklich, ihn zu sehen. Während der Professor und ich uns vor lauter Erleichterung umarmten, liefen Juliane und der arglistige Aron auf Nimmerwiedersehen an Mr. Martin vorbei.

Der Journalist hingegen blieb für immer liegen. Weil sich die Identität des japanischen Reiseleiters nicht herausfinden ließ, ermittelte die Polizei gegen Unbekannt. Da der Journalist vorbestraft war und uns nachweislich bedroht hatte, ging die Staatsanwaltschaft schließlich von Notwehr aus und legte die Akten auf einen anderen Stapel.

Ich übernahm Arons Planstelle und wurde festes Mitglied des Teams. Der Professor sagte Servus und erschien nicht mehr im Beatles-Museum. Sein *Borsalino*-Hut hängt an einem Ehrenplatz im Archiv.

Manchmal denke ich darüber nach, was mit unserem japanischen Freund passiert sein mag, als die Fälschung offensichtlich wurde. Nachts, wenn ich nicht schlafen kann, hole ich mir ein Tonbandgerät und lege die Tonbänder aus der Hamburg-Lieferung ein. Verdammt noch mal! Irgendwo muss die Aufnahme von *Summertime* doch sein!

Autorinnen & Autoren

Marita und Jürgen Alberts, beide Jahrgang 1946, leben und schreiben in Bremen und Las Palmas. Zusammen haben sie acht Reiseromane über die Toskana, Portugal, die Kanaren, Griechenland und den Odenwald geschrieben, dazu über fünfzig Krimi-Kurzgeschichten, die in verschiedenen Anthologien erschienen sind. *Auf ein Mord!* und *Es muss nicht immer Mord sein – Neue Krimiduette* versammeln die besten Stücke aus ihrer Feder. Über Jürgen Alberts informiert seine Autobiografie *Wilder Mann Lauf – Mein Leben in Romanen* und seine Homepage:
www.juergen-alberts.de

Joachim Anlauf, geboren 1967 in Bielefeld, ist Diplom-Volkswirt und Medienmanager (VWA). Nach der Jugendzeit in Minden führten ihn Studium und berufliche Aufgaben von Osnabrück über München, Herford, Dresden und Hannover schließlich nach Leipzig, wo er seit 2008 mit seiner Frau lebt. In der Buchstadt beschäftigt sich der ehemalige Pressesprecher nunmehr beruflich mit der Stadt- und Regionalentwicklung. Für seinen ersten Kriminalroman *Völkers Schlacht* wurde er beim ›Leipziger Krimipreis‹ 2012 mit dem ›Publikumspreis‹ ausgezeichnet. Dem Krimiautor und bekennenden Beatles-Fan gelang es mit seiner Kurzgeschichte *Summertime Blues,* auf vergnügliche Weise zwei Leidenschaften miteinander zu verbinden.
www.joachim-anlauf.de

Marc-Oliver Bischoff wurde 1967 in Lemgo geboren und wuchs in einem kleinen Dorf am Stadtrand von München auf. Nach dem wirtschaftswissenschaftlichen Studium verschlug es ihn in verschiedene Städte. Inzwischen lebt er mit seiner Frau und zwei Kindern in Ludwigsburg und arbeitet als Technologieberater. Für sein Debüt *Tödliche Fortsetzung* wurde er mit dem ›Friedrich-Glauser-Preis‹ ausgezeichnet. Seitdem sind weitere Romane sowie Heftromane und Kurzgeschichten aus seiner Feder erschienen.

www.marc-oliver-bischoff.de

Nadine Buranaseda, Jahrgang 1976, ist gebürtige Kölnerin mit thailändischen Wurzeln väterlicherseits. Sie studierte Deutsch und Philosophie und wurde im Hörsaal entdeckt. 2005 veröffentlichte sie ihren ersten Krimi – einen Jerry-Cotton-Roman, dem bisher mehr als ein Dutzend folgten. Mit *Seelengrab* und *Seelenschrei* erschienen 2010 und 2012 ihre psychologischen Ermittlerkrimis. Sie war für den ›Agatha-Christie-Krimipreis‹ nominiert und Stipendiatin von ›Tatort Töwerland‹ sowie der Konrad-Adenauer-Stiftung. Seit 2016 ist sie hauptberuflich Lektorin bei Bastei Lübbe und arbeitet an einem Thriller.

www.nadineburanaseda.de

Der geborene Berliner **Daniel Carinsson** ist ein klassischer Kreuz-und-quer-Einsteiger. Gelernter Tontechniker, später Musikproduzent, Werbetexter, zwischenzeitlich Hiker in den USA, dann PR-Profi, Veranstalter sowie Betreiber eines Musiklabels in Wien und aktuell schließlich Social-Media-Manager und Schriftsteller. Als Schaffensbasis hat er einen Ort an der Donau nahe der slowakischen Grenze gewählt, wo er im Lichtatelier einer Jahrhundertwendevilla mit bewegter Vergangenheit lebt. Seit 2015 ist Carinsson Mitglied des Sprecherteams und des Vorstands der Krimiautorenplattform *Das SYNDIKAT*.

www.carinsson.com

Christiane Dieckerhoff lebt mit ihrem Mann, dem Musiker Eckhard Dieckerhoff, am nördlichen Rand des Ruhrgebiets. Als Christiane Dieckerhoff schreibt sie vorwiegend Spreewaldkrimis und als Anne Breckenridge historische Romane. Gemeinsam mit ihrem Mann gestaltet sie die Leseshow *Mord & Musik* mit Texten aus ihren Büchern und dazu passenden Musikstücken. 2016 war ihre Kurzgeschichte *Hechte der Nacht* für den ›Friedrich-Glauser-Preis‹ nominiert. 2017 stand ihr historischer Roman *Engel der Themse* auf der Shortlist für den ›goldenen Homer‹, Kategorie ›Krimi/Thriller‹. Mehr Informationen unter:
www.krimiane.de

Thomas Hoeps, geboren 1966, lebt und arbeitet in Krefeld und Mönchengladbach. Er veröffentlichte mehrere Romane und Erzählungen. Seit 2006 schreibt er außerdem im internationalen Teamwork mit dem Arnheimer Jac. Toes Kriminalromane, von denen zwei für den Niederländischen Krimipreis ›Gouden Strop‹ nominiert wurden. Hoeps erhielt unter anderem den Literaturförderpreis der Stadt Düsseldorf.
www.hoeps.wordpress.com

Thomas Kastura, geboren 1966 in Bamberg, lebt ebendort mit seiner Frau und seinen beiden Töchtern. Er studierte Germanistik und Geschichte und arbeitet seit 1996 als Autor für den Bayerischen Rundfunk. Zahlreiche Erzählungen, Jugendbücher und Kriminalromane, u. a. *Der vierte Mörder* (2007 auf Platz 1 der *KrimiWelt*-Bestenliste) und zuletzt *Sieben Tote sind nicht genug*. 2017 erhielt er für die Erzählung *Genug ist genug* den ›Friedrich-Glauser-Preis‹.
www.thomaskastura.de

Ralf Kramp, geboren 1963 in Euskirchen, lebt in einem alten Bauernhaus in der Eifel. Für sein Debüt *Tief unterm Laub* erhielt er 1996 den Förderpreis des Eifel-Literaturfestivals. Seither erschienen mehrere Kriminalromane und zahlreiche Kurzgeschichten. In Hillesheim in der Eifel unterhält er zusammen mit seiner Frau Monika das *Kriminalhaus* mit dem *Deutschen Krimi-Archiv* (30.000 Bände), dem *Café Sherlock*, einem Krimi Antiquariat, und der *Buchhandlung Lesezeichen*. Mit seinen schwarzhumorigen Kurzkrimis hat er sich nicht nur ein treues Lesepublikum erobert, sondern er tourt auch mit unterhaltsamen Leseabenden durch den deutschsprachigen Raum.
www.ralfkramp.de, www.kriminalhaus.de

Tatjana Kruse, Hallerin aus Schwäbisch Hall, ist immer wieder gern temporär Hallenserin, wenn sie Freunde in Halle an der Saale besucht. Hier wie dort und auch unterwegs schreibt sie mit Leidenschaft Kurzkrimis. Und auch Kriminalromane, derzeit die Serie um die Schnüffelschwestern Konny und Kriemhild im Insel Verlag. Mehr unter:
www.tatjanakruse.de

Elke Pistor, Jahrgang 1967, studierte Pädagogik und Psychologie und ist als Autorin und Medien-Dozentin tätig. Die einstige Sprecherin des SYNDIKATs ist seit 2012 Jurorin des ›Jacques-Berndorf-Preises‹. 2014 wurde sie für ihre eigene Arbeit mit dem Töwerland-Stipendium ausgezeichnet, 2015 für den ›Friedrich-Glauser-Preis‹ in der Kategorie ›Kurzkrimi‹ nominiert. Zuletzt erschienen das in mehrere Sprachen übersetzte Katzenlexikon *111 Katzen, die man kennen muss* und der schwarzhumorige Krimi *Makrönchen, Mord und Mandelduft*. Elke Pistor lebt mit Familie und drei Katzen in Köln.
www.elkepistor.de

Theresa Prammer hatte Engagements als Schauspielerin am Burgtheater und an der Volksoper. 2006 gründete sie mit ihrem Mann das Sommertheater Komödienspiele Neulengbach. Sie schreibt abwechselnd in Wien und Reichenau an der Rax. Ihr Krimidebüt *Wiener Totenlieder* wurde 2015 mit dem ›Leo-Perutz-Preis‹ ausgezeichnet. 2016 und 2017 erschienen die Fortsetzungen *Mörderische Wahrheiten* und *Die unbekannte Schwester*. Mehr Infos unter:
www.theresaprammer.com

Uwe Schimunek, geboren 1969 in Erfurt, lebt als Autor und Journalist in Leipzig. Er veröffentlicht Krimis, Kinderbücher, Sachbücher sowie Kurztexte. Zuletzt erschienen der historische Kriminalroman *Tödliche Zeilen* und das Kinderbuch *Balduin und das goldene Mikroskop*. Er ist Mitglied der Lesebühne *Book Brothers* und tourt mit dem Krimi-Kleinkunst-Programm *BIS EINER WEINT* mit dem Musiker André Seifert über die Bühnen. Schimunek ist verheiratet und hat zwei Kinder.
www.uwe-schimunek.de

Frank Schlößer, Jahrgang 1966, hat in Leipzig Journalistik und Afrikanistik studiert. Heute lebt er in Rostock, schreibt Krimis und lehrt in Integrationskursen Deutsch als Fremdsprache. Für seinen Roman *Der letzte Pfeil* erhielt er 2017 den ›Friedrich-Glauser-Preis‹ in der Sparte ›Debüt‹.
www.frankschloesser.me

Sabine Trinkaus wuchs im hohen Norden hinter einem Deich auf. Zum Studium verschlug es sie ins Rheinland, wo sie nach internationalen Lehr- und Wanderjahren sesshaft und heimisch wurde. Heute lebt sie in Alfter bei Bonn. 2007 begann sie, ihre kriminellen Neigungen in schriftlicher Form auszuleben. Sie veröffentlichte Kurzgeschichten, für die sie einige Blumentöpfe gewann. 2012 begann sie dann, auch in langer Form zu morden. 2017 erschien ihr fünfter Roman und erster Thriller *Seelenfeindin*.

www.sabine-trinkaus.de

Der Herausgeber

Peter Godazgar, geboren 1967, studierte in Aachen Germanistik und Geschichte und besuchte unter anderem die Henri-Nannen-Journalistenschule in Hamburg. Er gehört zur großen Zahl der ›Hallunken‹ (also der zugezogenen Hallenser), die Fans dieser notorisch unterschätzten Stadt an der Saale geworden sind. Seine kriminellen Fantasien lebt er in Romanen und einer stetig wachsenden Zahl von Kurzgeschichten aus; für eine davon wurde er 2017 für den ›Friedrich-Glauser-Preis‹ nominiert. Er ist nicht nur Herausgeber dieser Anthologie, sondern steuerte auch eine eigene Geschichte bei.
www.peter-godazgar.de